知识生产的原创基地
BASE FOR ORIGINAL CREATIVE CONTENT

颉腾商业
JIE TENG BUSINESS

GRACE
领导力的5大品格

[美] 加里·伯尼森 ◎著
（Gary Burnison）

姚亚苏 ◎译

THE 5
GRACES
OF LIFE
AND LEADERSHIP

中国广播影视出版社

图书在版编目（CIP）数据

GRACE：领导力的 5 大品格 /（美）加里·伯尼森著；姚亚苏译. -- 北京：中国广播影视出版社，2023.9
ISBN 978-7-5043-9063-9

Ⅰ. ①G… Ⅱ. ①加… ②姚… Ⅲ. ①领导学 Ⅳ. ① C933

中国国家版本馆 CIP 数据核字 (2023) 第145200号

Title: The Five Graces of Life and Leadership, by Gary Burnison
Copyright © 2022 by Korn Ferry.
This translation published under license with the original publisher John Wiley & Sons, Inc. Simplified Chinese edition copyright © 2023 by Beijing Jie Teng Culture Media Co., Ltd. All rights reserved. Unauthorized duplication or distribution of this work constitutes copyright infringement.

北京市版权局著作权合同登记号 图字：01-2023-3348 号

GRACE：领导力的5大品格
[美] 加里·伯尼森（Gary Burnison） 著
姚亚苏 译

策　　划	颉腾文化
责任编辑	李潇潇
责任校对	龚　晨
出版发行	中国广播影视出版社
电　　话	010-86093580　010-86093583
社　　址	北京市西城区真武庙二条9号
邮　　编	100045
网　　址	www.crtp.com.cn
电子信箱	crtp8@sina.com
经　　销	全国各地新华书店
印　　刷	涿州市京南印刷厂
开　　本	650 毫米 × 910 毫米　1/16
字　　数	88（千）字
印　　张	14
版　　次	2023 年 9 月第 1 版　2023 年 9 月第 1 次印刷
书　　号	ISBN 978-7-5043-9063-9
定　　价	69.00 元

（版权所有　翻印必究·印装有误　负责调换）

推荐序
GRACE 的生活

从译者亚苏那里初看到这本书的译稿，心里的第一个反应是，又是一本激情热烈的领导力著作吧。但细细读下来，感觉更是如静坐林中，读一篇散文诗，所以抛开 GRACE 本身的领导力意涵，也真的如这个英文原意一般，是一种优雅沉静的感觉。

说回作者所总结的 GRACE，由五个单词的开头字母组成，分别是：

感激（Gratitude）：激荡人心、升华精神的人生态度

坚韧（Resilience）：锲而不舍，使不可能变为可能

渴望（Aspiration）：认为明天因我们而不同，世界因我们变得更好

勇气（Courage）：并非"无所畏惧"，却能"直面恐惧"，并"克服恐惧"

共情（Empathy）：能够设身处地为他人着想，理解对方

按照领导力理论的分类方式，GRACE 属于领导特质理论的范畴，这个类别是领导力理论中最五彩缤纷，也可以说最层出不穷的类别。源于不同的经历和实践洞察，不同的学者、实践者会从不同的视角，提出自己的观点。从读者和学习者的角度，有时难免会有困惑，到底哪些是对的呢，或者"我"如何又能做到这林林总总的各方面呢。

其实，所有特质和品格还是都要放在当事人的生活中才有正确的理解，就如这本小书中作者用以诠释 GRACE 的事例和故事，与其纠结于什么是对的，或者是否自己能全部拥有，不如多去想想某种特质

（甚至任何一种特质）为什么会对管理者，甚至普通人的决策产生影响，这种影响又是在怎样的情境下改变了决策的方向。

过去几年，每个普通人都感受到了不确定性和突发事件带给我们的种种变化。如今，虽然生活日常在恢复之中，但套句文艺片台词，这个世界和社会是再也回不到过去了，因此，如何前行（move on），我想在这种情境下，GRACE应该会对我们更有启发。保持渴望和好奇心，直面不确定性和对未知的恐惧，锲而不舍，心存感恩并能换位思考，这难道不是当下所需要的一种生活和工作态度吗，也正因为如此，这本书就更凸显了"当下"的价值。

再回到开头，读者读一本中文译著的感受，很大程度上与译者的水平相关，而译者的水平，不止是英文与中文水准，还有译者对作者原著内容的理解，而译者亚苏，以我的了解，也正是践行GRACE生活的人啊，所以，读起来，总有一种这本书与亚苏的气质相映相合的感觉。不喧嚣，娓娓道来，讲故事，说事理，优雅如她，是美好的感觉。

一本小书，一段小品，一种态度，一种力量，一种生活。

王雪莉
清华大学领导力与组织管理系长聘副教授

译者序
在过程中学习和发展领导力

什么是领导力？很多人可能会认为领导力是领导他人、领导团队、领导组织的能力。不知你是否会同意这样的观点——领导他人首先要领导好自己，也就是说，在每一次与他人、与团体的互动过程中，看到进一步拉伸自己的可能性，将每一段体验（尤其是痛苦的、有挑战的体验）视为个体领导力发展的绝佳机会。

在实践中不断地检验和反思，会让我们更清晰地看见自己、理解他人，进而帮助我们连接到更大的系统。在这样开放且互相影响的过程中，个体和系统也随之被激发出新的可能。在我们日常所处的各种系统中，平衡只是一个美妙的瞬间，失衡应属常态。人际关系系统也是如此，人际关系若想有深度且持久，关系各方的建设性冲突是不可避免的，大致会经历失衡—平衡—再失衡—再平衡的循环往复过程，领导力在此过程中也不断发展和进化着。

面向未来的领导力应该重点向什么方向发展呢？近年来，不少学者和实践者有不同维度的思考和总结。全球领先的管理咨询公司——光辉国际的CEO加里·伯尼森先生基于多年实践和反思，在其所著的《领导力的五大品格》一书中分享了他的领导力GRACE模型：

- 感激 Gratitude
- 坚韧 Resilience
- 渴望 Aspiration
- 勇气 Courage
- 共情 Empathy

这五大品格提醒我们主动向内看，从自身出发推进领导力的发展，从而让团体和组织的改变真正地发生。需要特别指出的是，与理论型著作的严谨和精微不同，加里在书中分享了不少他和同事或朋友在生活或工作中的一些小故事，鲜活生动，真诚朴实，言简意深，让人回味无穷。如果说文字如人，我也十分好奇，加里作为一个大型商业组织领导者，每日要处理大量的复杂问题、直面各类挑战，他是如何做到深入浅出的呢？

加里不仅有智慧的高度、思想的深度，他也是一位勤勉又爱分享的人，光辉国际官网上的专刊（Special Edition）定期会更新他的文章，想更多了解和学习的伙伴，可以到官网阅读相关文章。在最新一篇文章里，加里分享了在当前高度不确定、高通涨、高对抗的国际环境下，人工智能技术同时正快速发展着，领导者应向团队成员传递的五个原则，对我十分有启发，值得学习和自我检视。推荐！

领导力发展是一个永无止境的过程，无处不在，无时不可，在此祝福每一位敢于突破自我、勇于为集体担责并积极为集体创造共享价值的人们，在成功实现一个个小目标的同时，愉悦并享受着每一个当下和过程！也十分期待未来有机会我们一起共创这个过程，并在过程中互相学习、共同成长！

最后，特别感谢颉腾文化董事长周中华先生的信任和委托，感谢本书策划编辑欧俊先生耐心细致的指导，让我有机会为中国的读者翻译本书，同时有机会分享我个人一些粗浅的思考和感悟，同时感谢我的恩师王雪莉教授多年以来的关爱和指导，还有前辈栗庆森先生的提点，也感谢好友位晨女士和合作伙伴陈昌明先生的支持和信任。

姚亚苏
辅仁合道创始人、组织发展和领导力顾问
2023 年 6 月 北京家中

Contents

目录

前言
001

感激
能够激荡人心、升华精神的人生态度
029

坚韧
锲而不舍，使不可能变为可能
059

渴望
认为明天因我们而不同，世界因我们变得更好
097

勇气
并非"无所畏惧"，却能"直面恐惧"，并"克服恐惧"
135

共情
能够设身处地为他人着想，理解对方
175

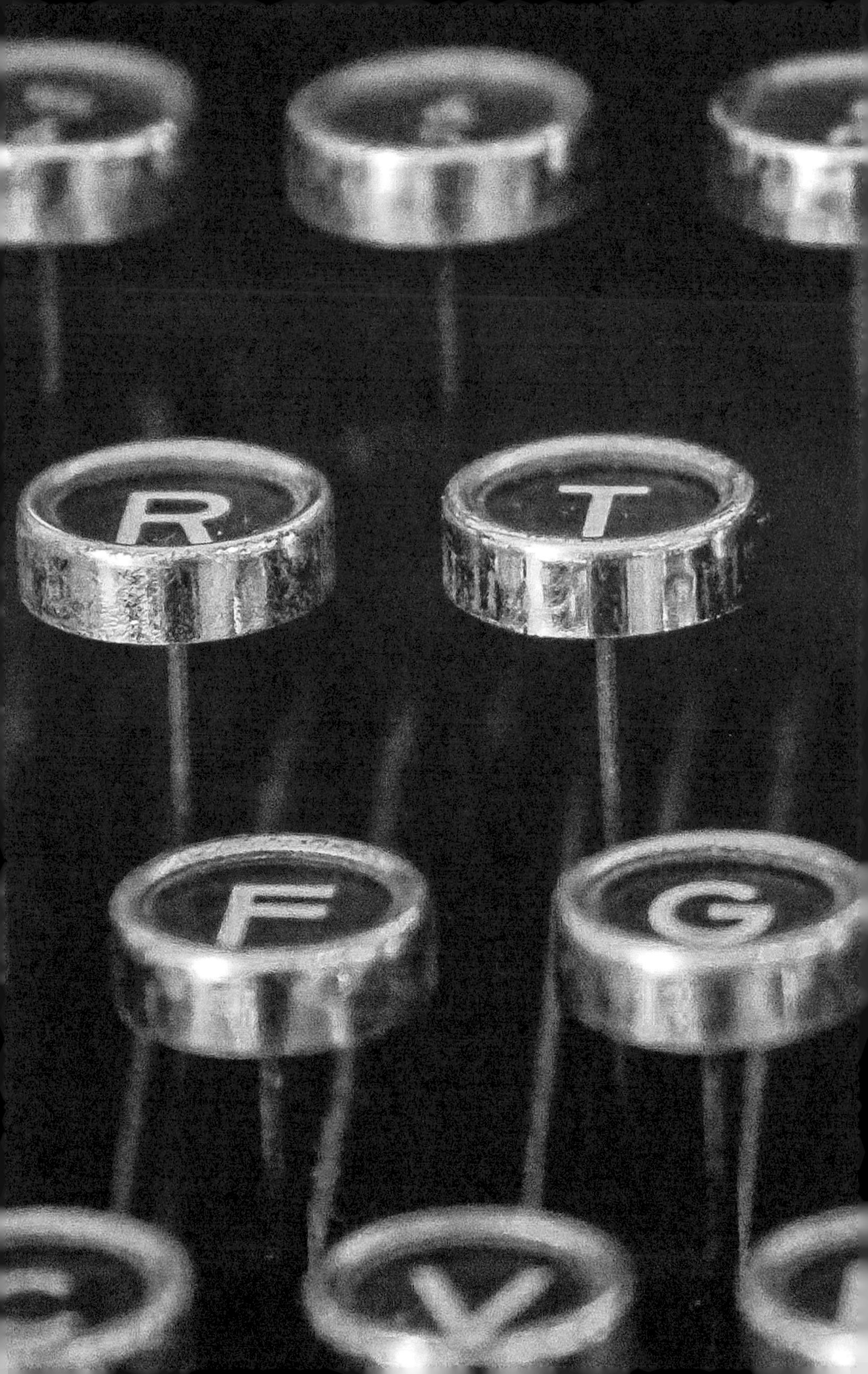
R
T
F
G

前言

INTRODUCTION

我的书桌上放着一块带链子的怀表，这是祖父传给我父亲、我父亲又传给我的。我的祖父每天都佩戴着它去上班，祖父先是在铁路工作，后来去了小麦厂。表的指针一直停留在七点三十九分，是上午还是晚上，我永远不可能知道了。

多年来，我不时会拿起这块表，它为我和过去的记忆之间建立了有形的联结。我会突然想起，它再也不能告诉我现在是什么时间了。当然，我也可以找人把它修好，但这件传家宝更主要的价值是让我回想辛酸往事，帮我细细品味但不至于过度沉湎其中。时间是最宝贵的商品，但我们无法把它变得更多。

时间不为任何人停留。

今天，我们看到的变化比过去十年要多得多。随着世界发生重大改变，人们需要向领导者寻求帮助和希望，让领导者指示方向和做出决策。毕竟，领导者擅于鼓励他人抱持信念并让信念成为现实。

And that takes grace.

这需要领导力的 GRACE 品质

GRACE 是·

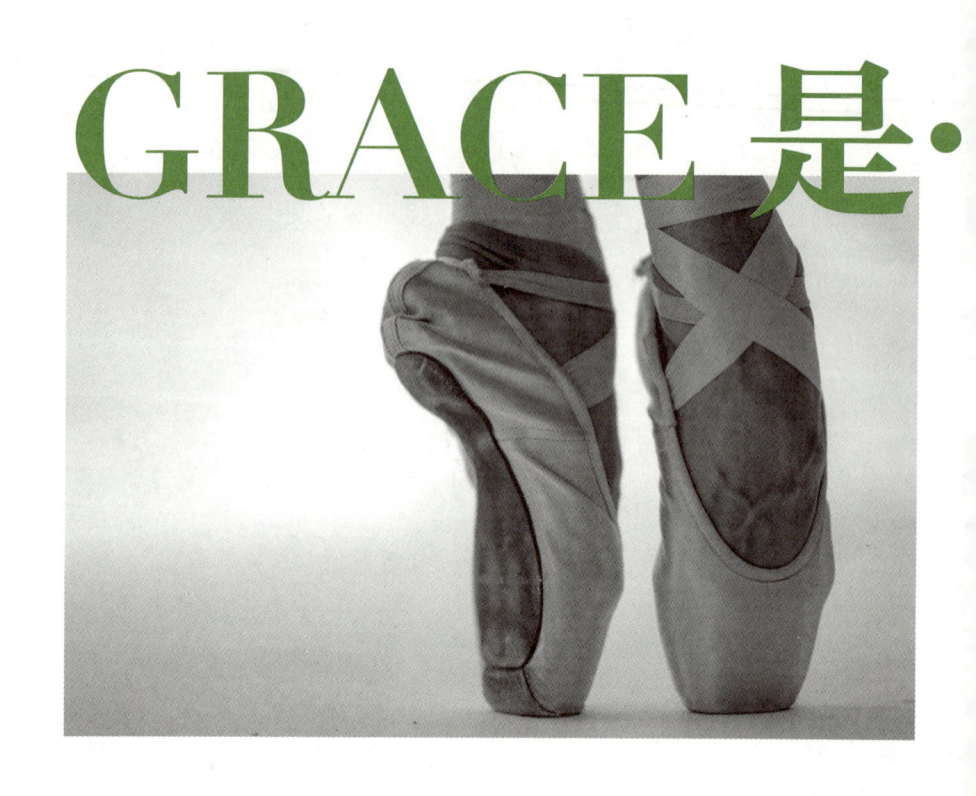

在鼓舞、激励和领导他人的过程中,我已经进行了无数次关于领导力的谈话。在每次谈话中,我都觉得,GRACE 就像真理、艺术或爱一样,通常很难被定义,但是当看到它时就能知道。

Grace is
a feeling

GRACE 是一种感觉

Grace is the

GRACE 是包含善意的礼物

它推动我们向前发展，跨越任何环境，始终沿着大道前进。GRACE 使我们保持本性，成为更好的自我，照亮他人发展之路。

gift of goodwill

GRACE 被赐予我们每一个人，不需我们去赚取，也不管事实上我们是否配得上。这个认知与人类历史一样古老，在所有主流文化中都有体现。在希腊神话中，宙斯的三个女儿被称为美惠三女神：阿格莱亚、欧佛洛绪涅、塔利亚。她们的名字依次是（在众生中）光明、快乐和绽放的意思，这是神赐予人类的礼物。对我们来说，这份礼物体现了人性中有倾向地帮助他人的善意。

当他人得到满足时，我们会备感喜悦。

Grace is an action

GRACE 是一种行动

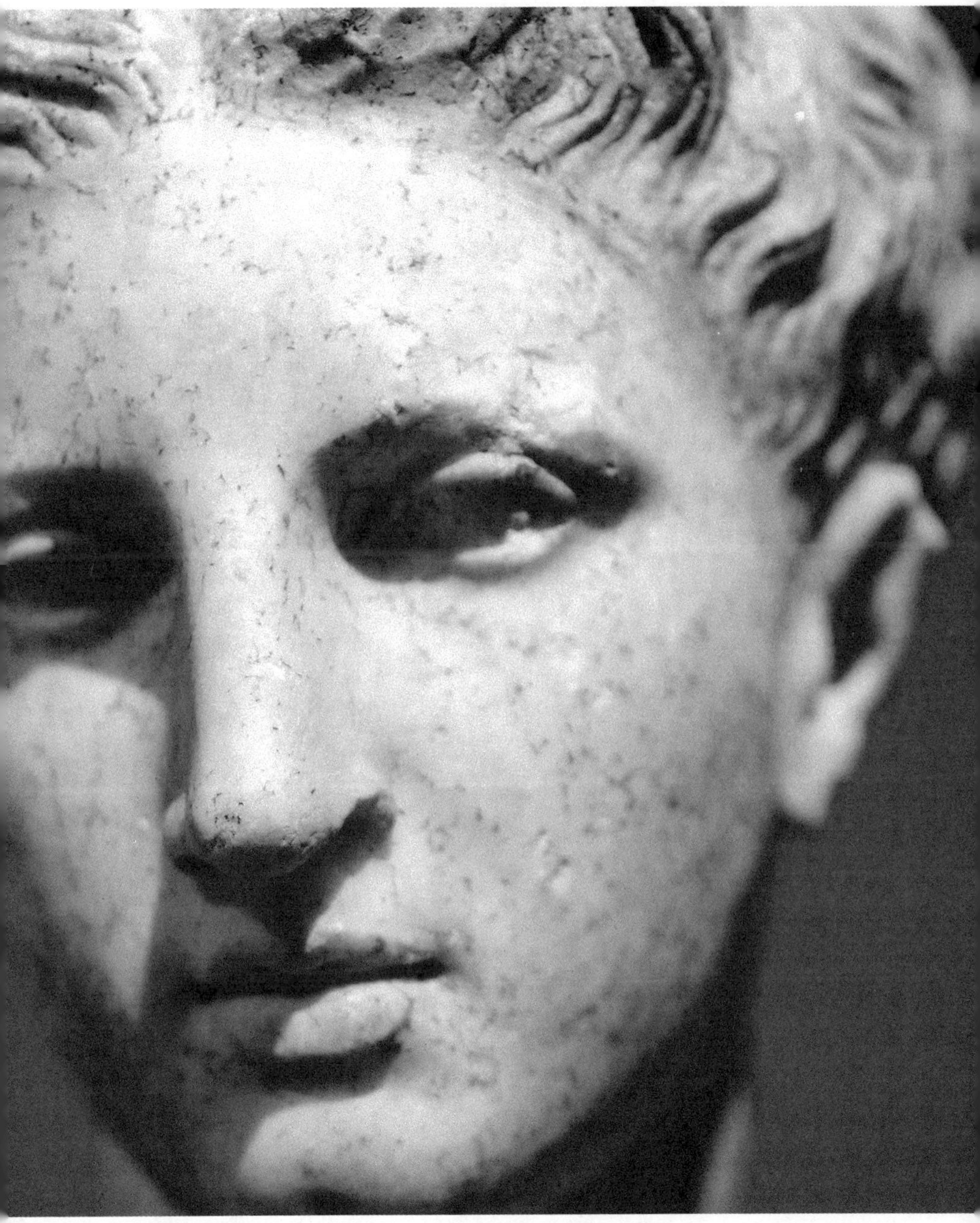

浮现在脑海中的图像可能是一位舞者曼妙的舞姿，也可能是一位运动员流畅的动作。但真正的 GRACE 是随着压力甚至有时是伴着危机显现的。

GRACE 是谦卑的声音，它不断地低语着："这不是关于你。"

它召唤我们承担起责任、采取行动。毕竟，我们希望他人有担当，那我们自己应该先有这样的行动。

Grace is perspective

GRACE 是一种视角

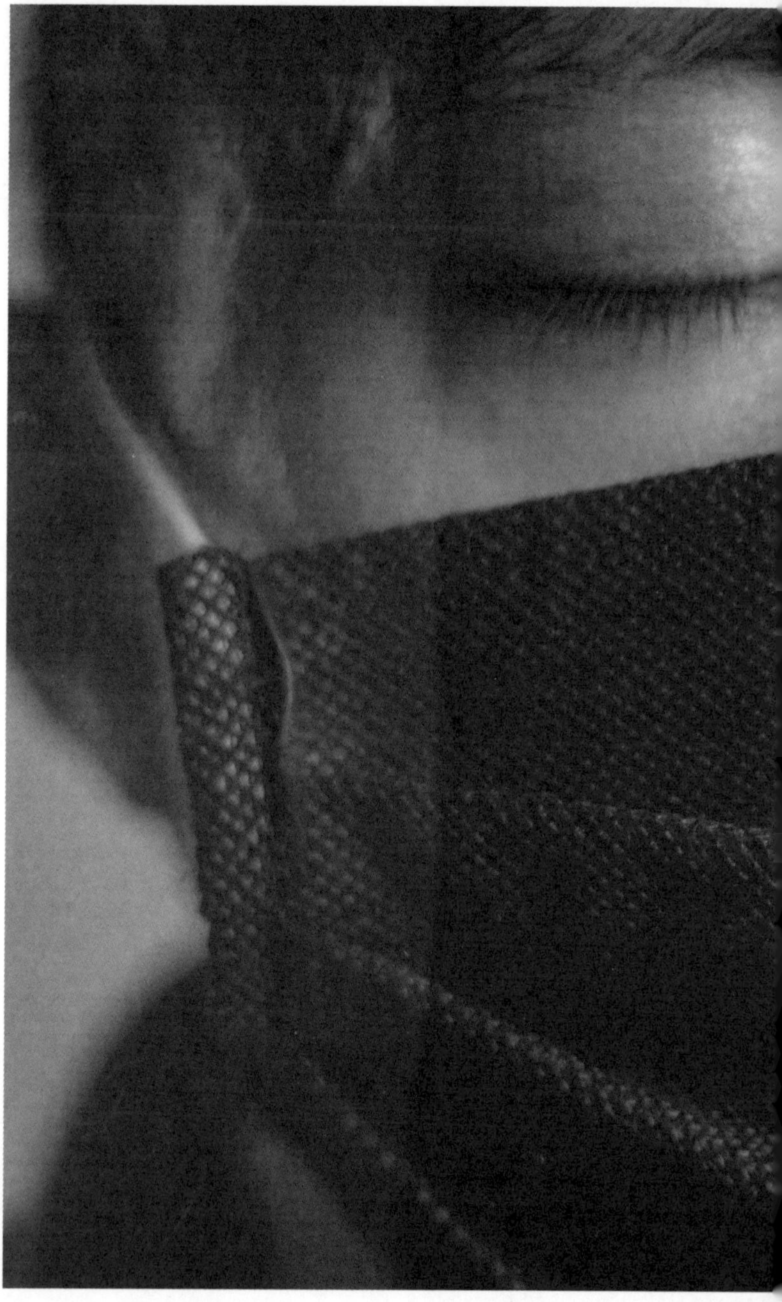

新冠疫情不是人类历史上第一次疫病大流行或第一次危机,也不会是最后一次,但它最终会过去。我们需要超越简单的因果论,因为同时还有其他力量在起作用——这就是GRACE的来源。GRACE是我们所有人在痛苦和苦难中表现出来的善良品质。

Grace is the balance when emotions run high

当情绪涌动时，GRACE 是平衡

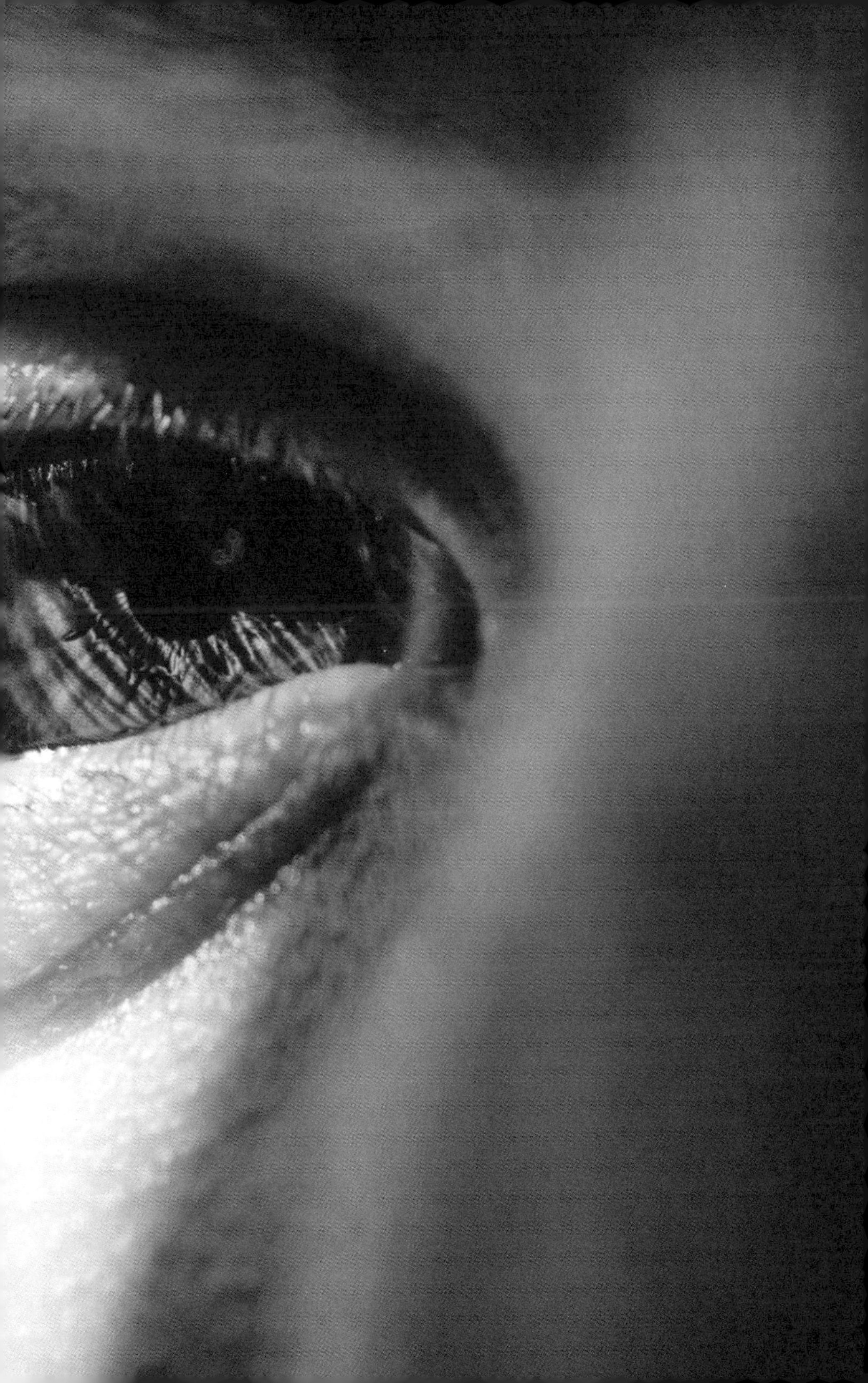

在极端情况下，我们通常发现很难保持 GRACE 的状态。喜悦时，我们需要审视自我；悲观时，我们需要克服恐惧。有的人在难过、痛苦和挣扎时都能展现 GRACE 的品格，这样的人会不断地激励我们。

GRACE 是一种美德

拥有 GRACE 美德的人在走进房间的那一刻就能被识别出来，他们淡定自若，举止优雅。我们不仅可以学习他们如何笃定地向他人传递信息，还可以观察他们如何表达以及何时表达的节奏。即使答案是否定的，GRACE 也会传递积极的能量，让人感觉似乎在某些方面得到了肯定。这是正念的力量，既照顾到自己，同时也关注到他人。坦率地讲，以前在工作中我们并没有真正谈论过这些，但现在这个话题变得越来越重要。

GRACE 的

领导力模型

领导力是世界第八大奇迹。它易于被亲身感受,却难于被定义阐述。它易于被作为知识学习,却难以被付诸实践。

两年前,我开始在公司专刊（Special Editions）上撰写有关领导力的文章——分享关于领导自己和他人的故事和想法。这些文章不仅是我个人的思想,也代表了一家成立超过80年、全球领先的专业公司的视角——至今我们积累了7000万人次的高管评估,同时每年为120万人提供发展支持。

通过专刊,我与读者建立了交流渠道。我收到了成千上万份电子邮件、电话、对话和留言,它们都极有思想和洞见,有时也会讲述不同的故事,我在这个过程中也越来越知道谦卑的重要性。交流中有些内容让我喜悦,有些让我悲伤,有些让我振奋,有些会让我停下来从不同的视角进行反思。所有这些,既展现了希望的永恒力量,也体现了人类精神中与生俱来的 GRACE 美德。

和读者的这些互动激发我写作了本书,创建了 GRACE 模型。无论我们领导一个五人或五万人的团队,还是只领导我们自己,我们都需要具备 GRACE 模型中的 5 项品格。每一项品格都是珍贵又根本的人类特质,它们组合到一起构成了 GRACE 这个词:

感激(Gratitude)	能够激荡人心、升华精神的态度
坚韧(Resilience)	锲而不舍,使不可能变为可能
渴望(Aspiration)	认为明天因我们而不同,世界因我们变得更好
勇气(Courage)	并非"无所畏惧",却能"直面恐惧",并"克服恐惧"
共情(Empathy)	能够设身处地为他人着想,理解对方

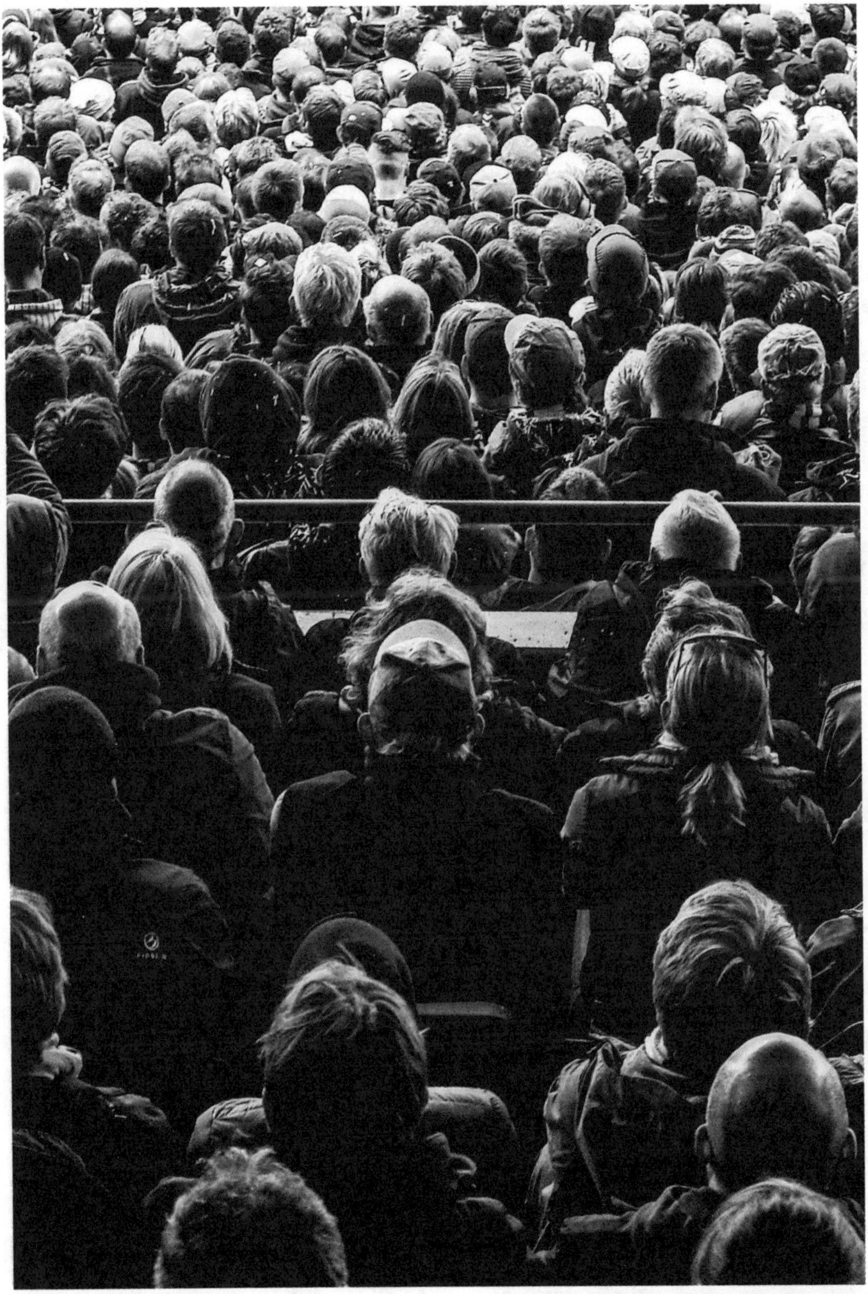

GRACE 是谦卑的声音，
它不断地低语着："这不是关于你。"

"*It's not about you.*"

GRACE 模型提示领导力发展中一个非常真实的悖论：领导力始于领导者，但从不是关于领导者。

在这里，我们发现了领导力柔和的一面，比我们在职业生涯中掌握的任何技术技能都要柔和，但请不要误会：五项品格中的任何一项都包含可以成就或破坏领导力的严酷事实，它们绝不是看上去那么简单。

GRACE 模型让我们专注于他人。没有追随者就没有领导力。试想一位全力向山顶进发的领导者，冲到半山腰时发现自己身后空无一人，谁会愿意身陷如此境地呢？

我们认识到，领导不是直接告诉人们做什么，而是引领人们进行思考。我们知道，领导者制定战略后，需要其他人来执行战略。

为了能完全地发展出这种领导力，我们需要成为以人为本的领导者，有更敏锐的自我意识，也能与他人产生真正的联结。在当今这个时代，这有赖于社群的建立，这样，每个人才可以成为更大的整体的一部分。

GRACE 模型始于感激，这种态度会决定我们的高度。我们的生命之旅需要力量，这就是加入坚韧的原因。当我们关注自己想成为什么样子时，一股力量会推动着我们向所渴望的方向发展。

同时，这也需要勇气——专注地看着镜中的自己，问自己是否真的致力于让世界发生我们所希望的改变。

最后，但并非最不重要的一点是，我们在与他人合作时能够共情，确保没有人掉队。

领导力是
关于调动他人。

After all, the first word in leadership is, literally, lead.

归根到底,领导力的本质是领导。

Where grit

勇气遇见 GRACE

当事情进展得有些艰难、前方充满不确定性时，勇气会推动我们继续向前。正是这种顽强的动力让我们变得坚韧，敢于面对一切困难，但仅凭勇气是不行的，尤其是需要领导他人时。

勇气要符合 GRACE 的理念，因为 GRACE 才是我们行为真正的主宰。面对失败，GRACE 的品德不仅确保我们会好起来，而且会变得更好。在成功的过程中，GRACE 会让我们警醒、不自大。真正起作用的是我们的行为方式、产生的影响以及带给他人的感受。换句话说，这就是我们的 GRACE 品格。

想想当意外来袭时的情景。在每一次危机中，人们都会看到他人的反应，谁会惊慌失措，谁会一起共渡难关。每一次，他们都会把目光投向一个相信"一切都会好起来"的人。

知道了这一点，我们必须问自己：我们是他人会求助的人吗？不管发生什么，我们有勇气展现 GRACE 品格吗？

第一章

感激

能够激荡人心、升华精神的人生态度

GRATITUDE

> 当人们被告知"没有你，我们不可能做到这些"时，其中暗含的信息是"我们爱你"。

许多年前，在我刚担任 CEO 时，我去纽约拜会了一位董事会成员，主题是关于我的全面反馈情况。在我们长达三个小时的谈话快结束时，那位董事分享了一条极为宝贵、让我受益至今的建议：

"一位领导者的更高理想是让组织更有使命感。你的日常工作是确保人们每次与你交谈后都比交谈前感觉更好。"

当然，我可能无法时刻达到这样的标准，但我会经常用语言表达我真诚的感激之情：谢谢你、你正在创造不同、你很重要。

感激的态度可以从一个非常普通但极有力量的词开始，每种语言里都有这个词——"谢谢"，它是一个双向的礼物。

当我们表达感激时，我们会感到振奋。通常被感谢的人也会有同样的感觉。真诚的感激心是生命中最宝贵的财富之一。

*And for leaders,
it is the saving grace.*

对领导者来说，GRACE 具有拯救般的力量。

The G in

032 · GRACE：领导力的 5 大品格

GRACE

GRACE 的 G

爱和领导力通常不会出现在同一个句子中（原因很明显）。但是，要成为以人为本的领导者，要从我们的心开始。

面对现实：领导者需要他人，我们都需要他人。真诚地向他人表达感激之情是改变人们的看法和赢得人心最有效的方式。

这就是我选择把感激（Gratitude）的 G 置于 GRACE 模型中的原因和思考过程。GRACE 不仅是大道，更是唯一的道路。

多年前，如果有人问及 CEO 的特质有哪些，我会列出远见、成长思维、真实、自信、勇气……谦逊也应在其中。但要不要加上脆弱性呢？我想它肯定不会进入我的前十清单。

有时为了表达感激，你必然会展示脆弱。脆弱性是我们与他人联结的真正力量——带着真诚和共情。当然，我们会启动大脑思考、制定策略和分析，这些能力越来越成为领导力的核心。我们也需要胆量，也就是勇气，它会确保与价值观保持一致。但综合以上，心是最重要的。

用心引领

我们似乎一直停留在六年级时的样子。回想一下,当年在球场上我们被欲望驱使着——我们都希望被别人喜欢、被接受、被球队选中,也希望有好人缘,现在依然如此。

在生活中,我们希望处处被看到,渴望得到肯定,想知道我们有多重要,是否能影响别人。当我们承认自己内心有这种渴望时,我们就能明白,让他人感受到我们的理解以及感激是多么重要。

对大多数人来说,人生通常有两个主要动机——爱或金钱。金钱可以租来忠诚,但买不到忠诚。在爱和金钱的较量过程中,爱每次都赢。人们想要被爱,也希望有归属感。对一个人来说,最大的奖励莫过于这两个渴望同时得到满足。

然而,肯定他人时不能只是嘴上说说"干得漂亮"或"我为你感到骄傲"。肯定他人是发自内心的"我相信你",在表达我们感激的同时为对方赋能。公司的一位董事在我刚担任 CEO 时曾担任我的导师,他说:"我不只希望你成功,我还要确保你能成功。"这句话告诉我,他在我身上十分投入。

我们不能总说"我相信你",我们可以用别的方式来讲,比如说"我理解你""我很看重你""你很重要"……。当人们被告知"没有你,我们不可能做到这些"时,其中暗含的信息是"我们爱你"。

with heart

肯定他人是发自内心的"我相信你",
在表达感激的同时为对方赋能。

第一章 感激·035

The gift of gratitude

感激的礼物

多年来，我有幸和我的同事们一起工作，他们会适时地对他人表达真诚的尊重、欣赏和爱。我永远不会忘记我们的一位领导者，已故的鲍勃·麦克纳布（Bob McNabb），他每次结束谈话前总不忘加上一句"爱你，宝贝"。那就是鲍勃！

另一位同事经常以"爱家人"结束谈话，短短几个字传递了他对他人及其家人或亲人的美好祝愿。当我就此问起这位同事时，他说："这是我灵魂中特有的，对我来说，说'爱家人'比说'再见'感觉更自然。"

每次我们表达感激之情时，我们都会提振他人的能量。无论是鼓励的话语、周到的支持，还是小小的感谢，作为给予者都会在过程中感到快乐。而作为接受者，正如我几年前所经历的那样，会有一种既谦卑又感动的情绪。我和一位同事曾一起出差，我们在一个偏远的机场候机，经过一家靴子店时，看到橱窗里放着一双红色的牛仔靴。

"那双靴子真是太酷了！"我半开玩笑地说。

$659

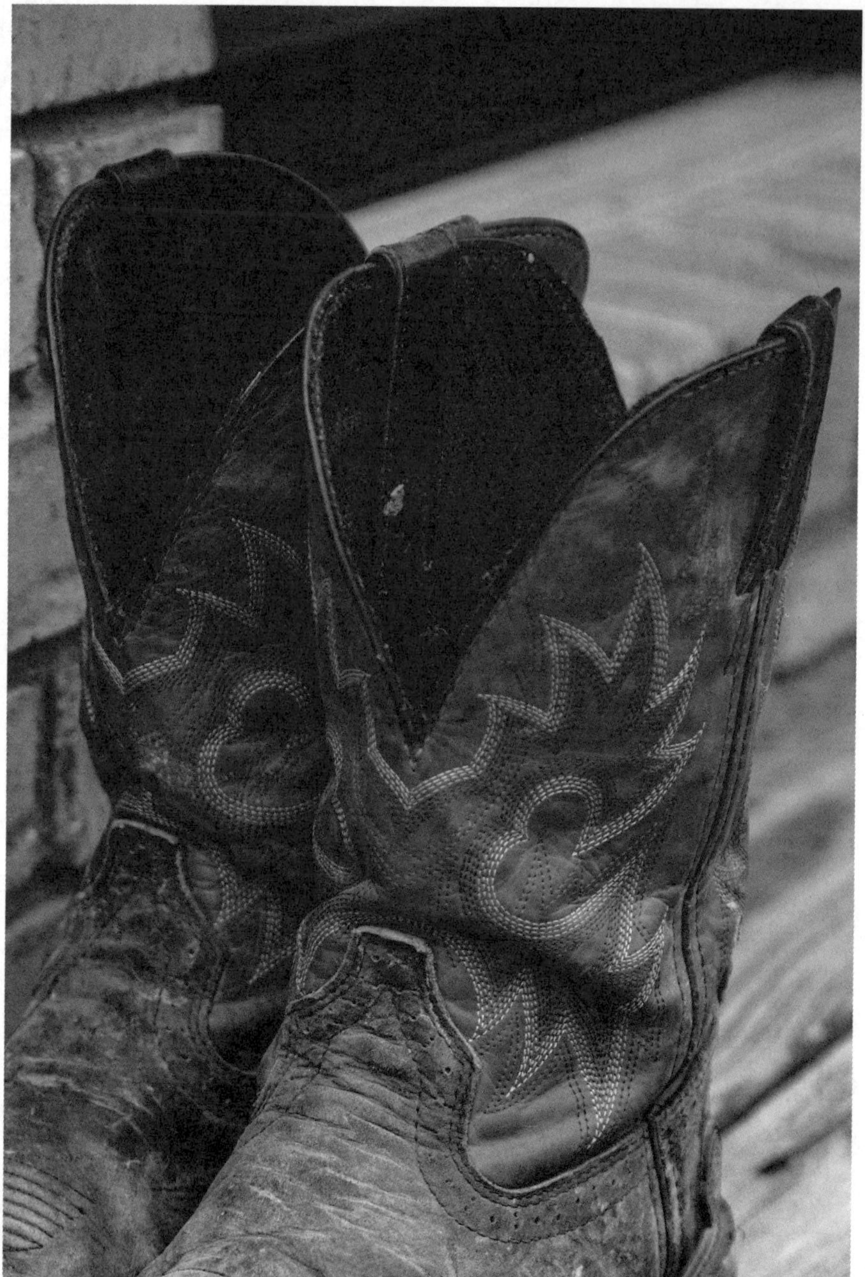

想象一下后来在飞机上我有多惊喜——那位同事脸上洋溢着笑容，同时拿出一个盒子，是的，里面装的就是那双牛仔靴。第二天，我的计划是在数百名商界领袖面前发表演讲，然后与一位亿万富豪（当时他是全球首富）会面。当天，我决定穿上那双靴子，这不符合我通常的商务着装风格。但我知道这会让我的好友兼同事很高兴。这双靴子向我传递了他的感激之情，而我穿着这双靴子参加重要会议，也是在向他回馈我最诚挚的感激之情。

我们走进亿万富翁的办公室，看到四处堆满了文件和书籍。他坐在办公桌前，翻阅着一份厚厚的报告，对我们的到来明显有些心不在焉，也没怎么注意我们落座。等到两个小时的会谈快结束时，他狡黠地冲我一乐，然后说："嗨，那匹马在哪儿呢？"

我们都哈哈大笑。真正令人惊奇的是，这位看起来除了眼前的文件，其他什么都不关心的亿万富翁竟然注意到了我的红靴子。其实，什么都没逃过他的眼睛，而我同事的笑声也让这一切都变得更加值得。

The gift we never return

被退回的礼物

我们都有过这样的经历——送人礼物时,一边等着对方撕掉包装纸打开盒子,一边有些紧张也有些犹疑,甚至为了给自己留有余地,我们会用没有人听得见的声音小声嘟囔:"如果你想退礼物,盒子底下有收据。"

如果纯粹出于感谢而送礼物,就不会出现上面的情形,不会有收据也不会有其他附加的东西。送礼不是为了对未来还有某种期待,只是想表示感谢。因此,人们不需要琢磨电子邮件或某段文字到底想表达什么,或是焦急地分析某个表情符号又代表了什么意思,再或是来回揣摩着"谢谢"之后跟句号或感叹号有什么不同。当我们真正感谢时,应该没有任何困惑。他人可以从我们的言语和行动中感受到,送出去的礼物永远不会被退回。

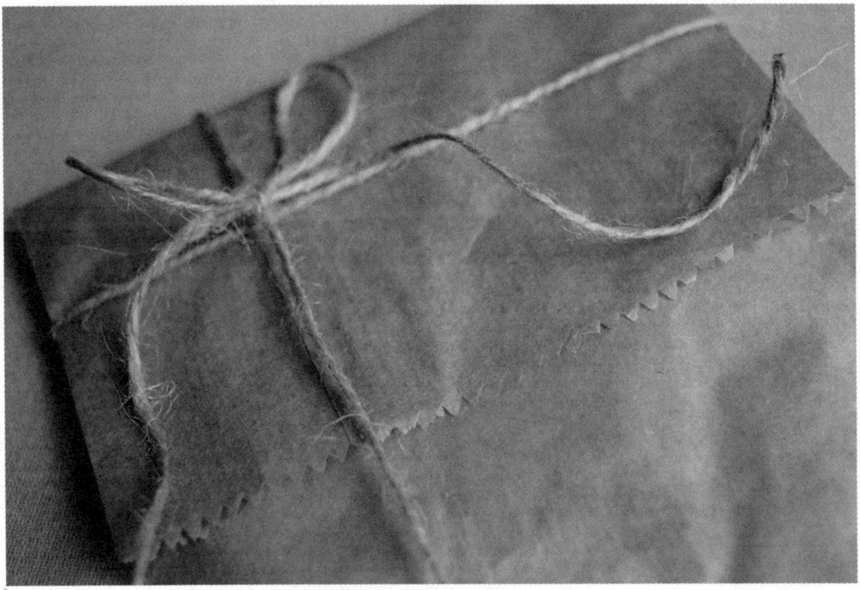

The power of one

GRACE 是一种行动

我的电脑上有一张便利贴,贴了很久早就没了黏性,现在用胶带固定着。上面引用的是爱德华·埃弗里特·希尔(Edward Everett Hale)的话,他是十九世纪的社会改革家,也是当时的一位政治家。这句话是一年多前一位高管与我分享的:

> **我只是一个人,但我仍然是那一个。我不能无所不为,但我仍然可以有所作为。而正因为我不能无所不为,我不会拒绝为我能为。**

这句话为一个人的重要性赋予了很多的意义。无论我们感到多么的无力,无论世界上的问题有多大,我们仍然可以有所作为、为我能为,比如,我们可以向他人表达真切的关怀和感恩。

> *Did anyone tell great you are today?*

有人说你今天很棒吗？

一位高管与我分享了她 92 岁的祖父的故事。老人家有一个习惯，他会向所有给他生活带来影响的人——无论对方是家人、朋友还是在宴会上为他服务的人——真诚地表达：

"有没有人告诉你，今天你有多棒？"

"这句话我听了几千遍了，"这位高管告诉我。"然而，当我心态不好时，它仍能瞬间帮我摆正心态，并让我进入一种更纯粹的状态，有一种被爱和被理解的感觉。"

这是能持续成功的秘诀：当人们被认可时，他们会很快乐；当他们快乐时，他们就会有动力；当他们有动力时，他们更有可能表现出色。我们的感激使人振奋。感激让一切变得不同。

you how

Photo: Boris Thaser

第一章 感激・045

Gratitude makes all

046 · GRACE：领导力的 5 大品格

the difference.

感激让一切变得不同。

第一章 感激 · 047

There's always time for gratitude

048 · GRACE：领导力的 5 大品格

及时
表达感激

"大家坚持得住吗?"有一次在工作特别吃紧时,一位巴西的同事被问到这个问题。

他的回答非常有哲理,将谈话转向了感激,他解释说"感激"在拉美文化里富有深刻的含义。人们认为,与其思考缺失了什么或是表达遗憾、不满,不如及时对当下拥有的表达感激。

When gratitude goes AWOL

当"感激"开起了小差

人都渴望被看见、被重视,也希望得到关注、得到认可。

坦率地讲,有些领导者面对的主要挑战是知行不合一,这是第一大脱节,知道和做到之间是断裂的。

不是管理者和老板不在意,或是他们人品有问题。快节奏的竞争和巨大的工作量通常是拦路石,这是任何岗位、任何层级的领导者都要真实面对的挑战。

没有以认可、奖励和庆祝的方式表达感激,组织通常会付出高昂的代价,比如,缺少凝聚力,显得死气沉沉、缺乏生机。这是第二个大脱节,每个人因此受到影响。

生活中经常会发生这样的场景:当人们发现彼此之间缺少情感的联结时,他们会只做需要做的事情,不会积极发挥自己的能动性,接下来也很容易选择离开,这是很遗憾的事。

如今,对许多人来说,人与人的联结变得微弱,他们想要一个新的开始。他们想更好地了解所在的团队——愿景是什么?这些价值观对他们意味着什么?一起工作的同事、老板,以及个人的参与度和受激发程度都是相关影响因素。

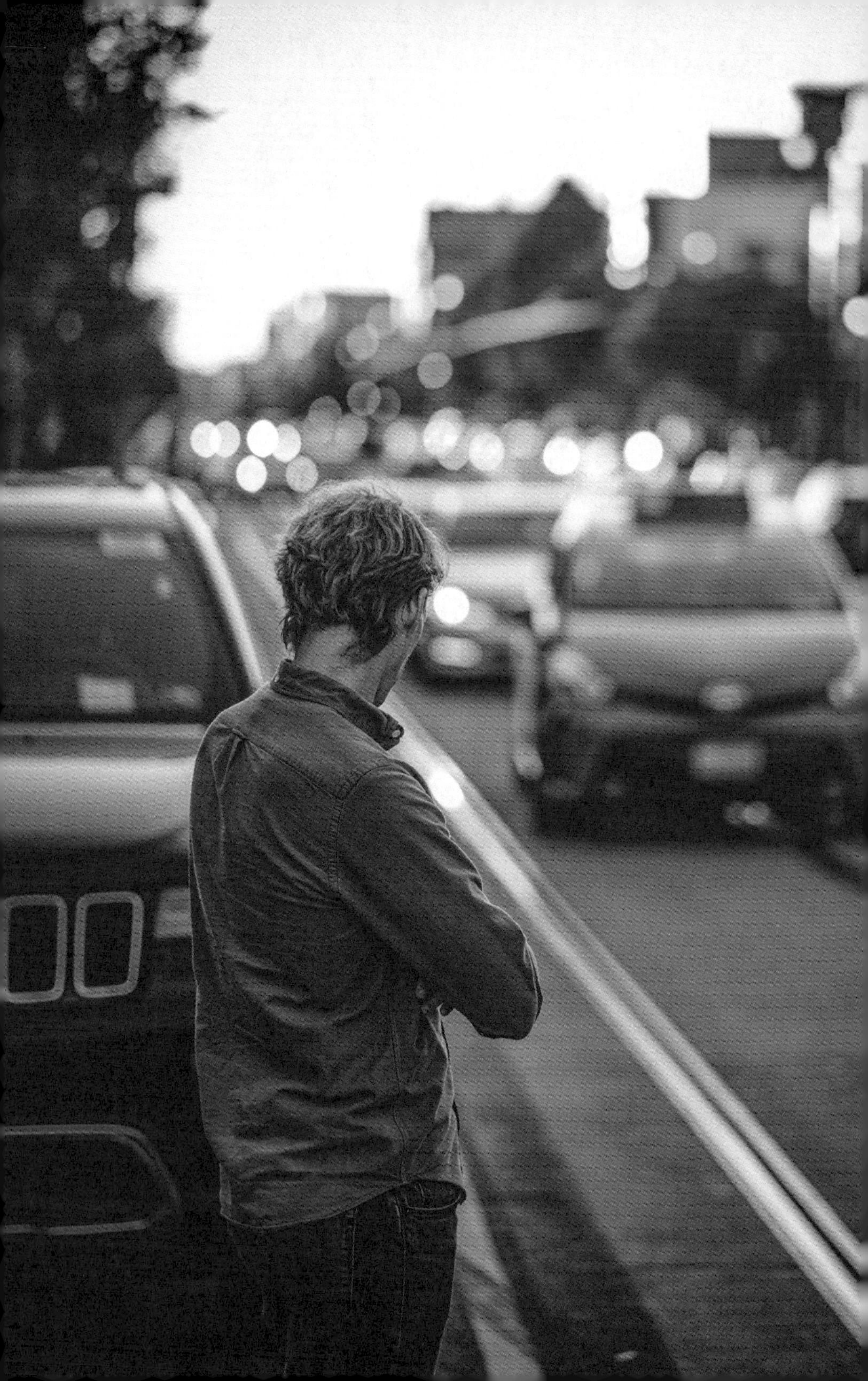

A helping hand

伸出援助之手

可能有些过度简化,但可以将之前说的统统都归结为感激之情。人们希望对自己的工作感到满意,同时也希望他人能注意到并因此感激他们。

我在一个最意想不到的地方学到了这一点。

当时我坐在俄克拉荷马州高速公路的路边,这是近一年半以来我仅有的几次旅行之一,我在陌生的路上开着一辆租来的车。我不太确定自己在哪儿,手机信号也很差,这个手机我也用得不太熟练。因为接下来有个电话会议,我找到一个信号强的地方停了下来,明晰一下思路准备开会。

就在那时,另一辆车从车道上转过来,在离我几英尺的地方停了下来。

"你需要帮助吗?"车上的司机和乘客问我,"你知道你要去哪里吗?"

我真诚地向他们表示了感谢,并表示我很好。

整个互动只有几分钟,但让我满心欢喜,精神为此一振。与伸出援助之手的陌生人产生的这段联结,让我非常感激。

Catch people doing things right

鼓励人们做正确的事

老话说得好,"被评估的工作通常完不成,"但实际上我们必须要评估、奖励和庆祝,并且一直不断地进行庆祝!通常,我们都会等到完成大的里程碑事件才会举杯相庆。当被问道:"现在你实现了……接下来准备怎么做?"答案是:"我们要去迪士尼乐园!"

这很不错,但以人为本的领导者通常不会等到完成某个重要节点才进行庆祝,恰恰相反,他们会在过程中寻找各种值得庆祝的理由。当我们认可并庆祝所取得的成就时,我们会受到极大的激励,更想让自己成为想要成为的人。借用领导力大师肯·布兰查德(Ken Blanchard)的话——"鼓励人们做正确的事。"

领导者有责任创造一种认可和庆祝的文化。

Listening to that voice

聆听那个声音

列一堆工作清单是容易的——做、不做、决定是什么、怎么做，都可以全部呈现在桌面上。但为什么我们会有意或无意地搁置一些事情？是因为它们可能会让我们投入太多的时间和精力，还是它们会让我们显得软弱和脆弱？

为何我们直觉上知道该做什么,但事实上经常忽略或忘记做?以下是一些很尖锐的问题,我们可以自己反思一下:

我是否会花时间确认别人与我交流后比之前感觉更好 —— 我真的在乎吗?

我只是假定人们知道我很欣赏他们,还是我真的花时间说了"谢谢"?

我的言行之间是否有差异?

我如何给他人提供价值?

我们的感激之心决定了我们的团队能抵达的高度。

相信它,表达它,坚持它,实践它。

第一章 感激·057

第二章

坚韧

锲而不舍，使不可能变为可能

RESILIENCE

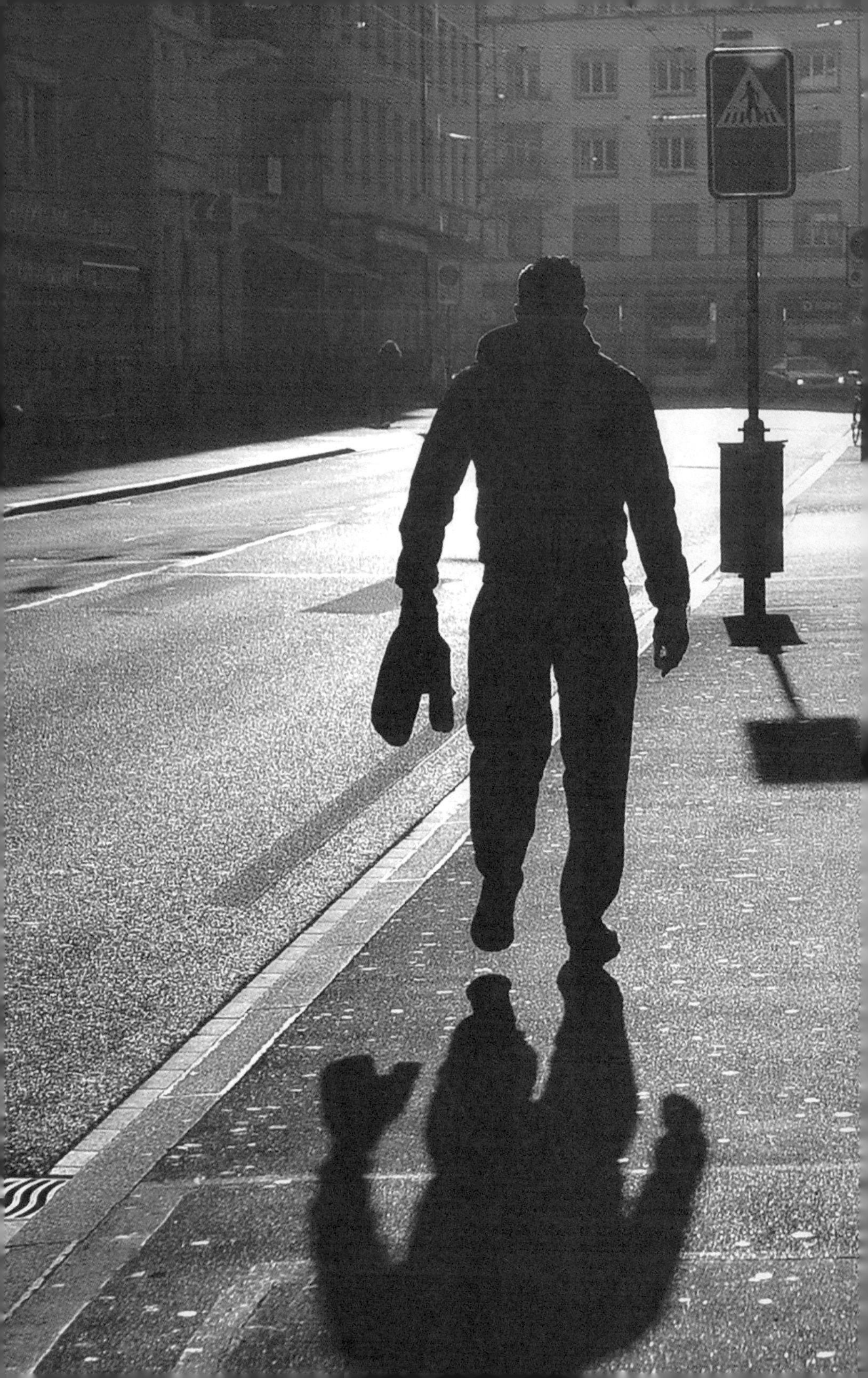

Fatigue casts a long shadow.
It can only be dispelled by the light of resilience.

倦怠会投下长长的阴影。
只有坚韧之光才会将之驱散。

摄影：卢卡·萨托尼 Luca Sartoni

关于生活的经历和体验，我们都听说过"故事背后还有故事"的说法。尽管我们希望有些阻碍快点消失，但我们真的别无选择，只能勇敢前行。

在大约 15 岁时,我因为打篮球受伤进行了脚部手术。这是一个局部麻醉的小手术。术后我感觉很好,但我的脚还是麻的。我爸爸开车送我回家,路上我们在杂货店停了下来。因为我脚上的大石膏"靴子",我只能待在车里。

我等了又等,但爸爸还是没有出来。我开始猜测是什么事绊住了他。当一辆救护车停过来时,我有一种奇怪的直觉,我一瘸一拐地走进杂货店,看见我爸躺在地板上昏迷不醒,脑袋边有一大摊血。

我和他一起坐救护车去了医院,在那儿我被告知爸爸心脏病发作了。当他脱离危险、完全清醒时,已经快半夜了。由于身无分文,我只好步行回家——大概有四五英里远。

手术的麻醉剂已经消退,疼痛几乎让我无法忍受。但每走一步,我都告诉自己要继续向前走,一步接着一步。

那天,我学到了宝贵的一课。借用西班牙诗人安东尼奥·马查多（Antonio Machado）的诗句,我略作诠释,那就是:我们走着走着,走出了一条路。

第二章 坚韧 · 063

The R in G

GRACE 中的 R

不管出现何种状况，坚韧的品质都会推动我们前行。

这就是为什么我把 R 放在 GRACE 模型里，它是一股能量，可以让不可能成为可能。

RACE

当事情进展得有些艰难时,我们可以选择延期、暂停或继续推动。如果选择继续,我们必须调动坚韧的力量。

The mightiness of resilience

坚韧的强大力量

在管理团队的一次例会上,我决定以不同的方式开始。我询问了来自世界各地的每一位领导者,他们认为什么是当天最重要的主题。他们的回复各异,从影响力到耐心,五花八门。

总体而言,出现了这几个主题:与他人共情,世界的脆弱性,静默中的赋能,万物的力量。

但在讨论过程中,不断重复出现的是关于坚韧的强大力量。无论何时何地,它都是领导者及其团队成员的终极可再生能量的来源。

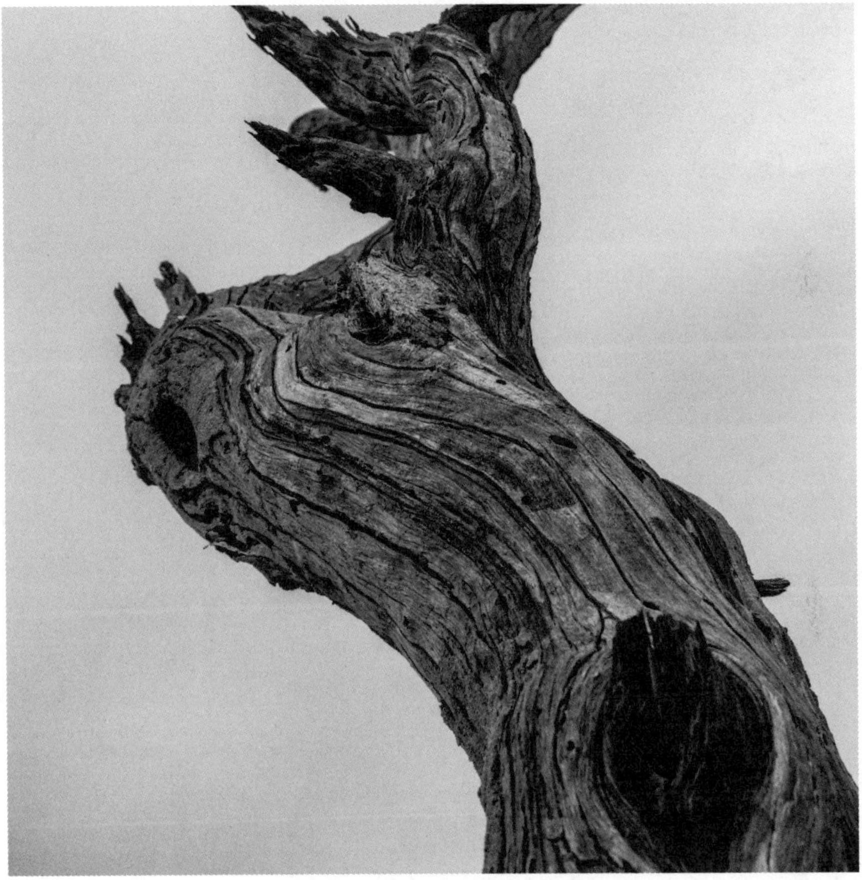

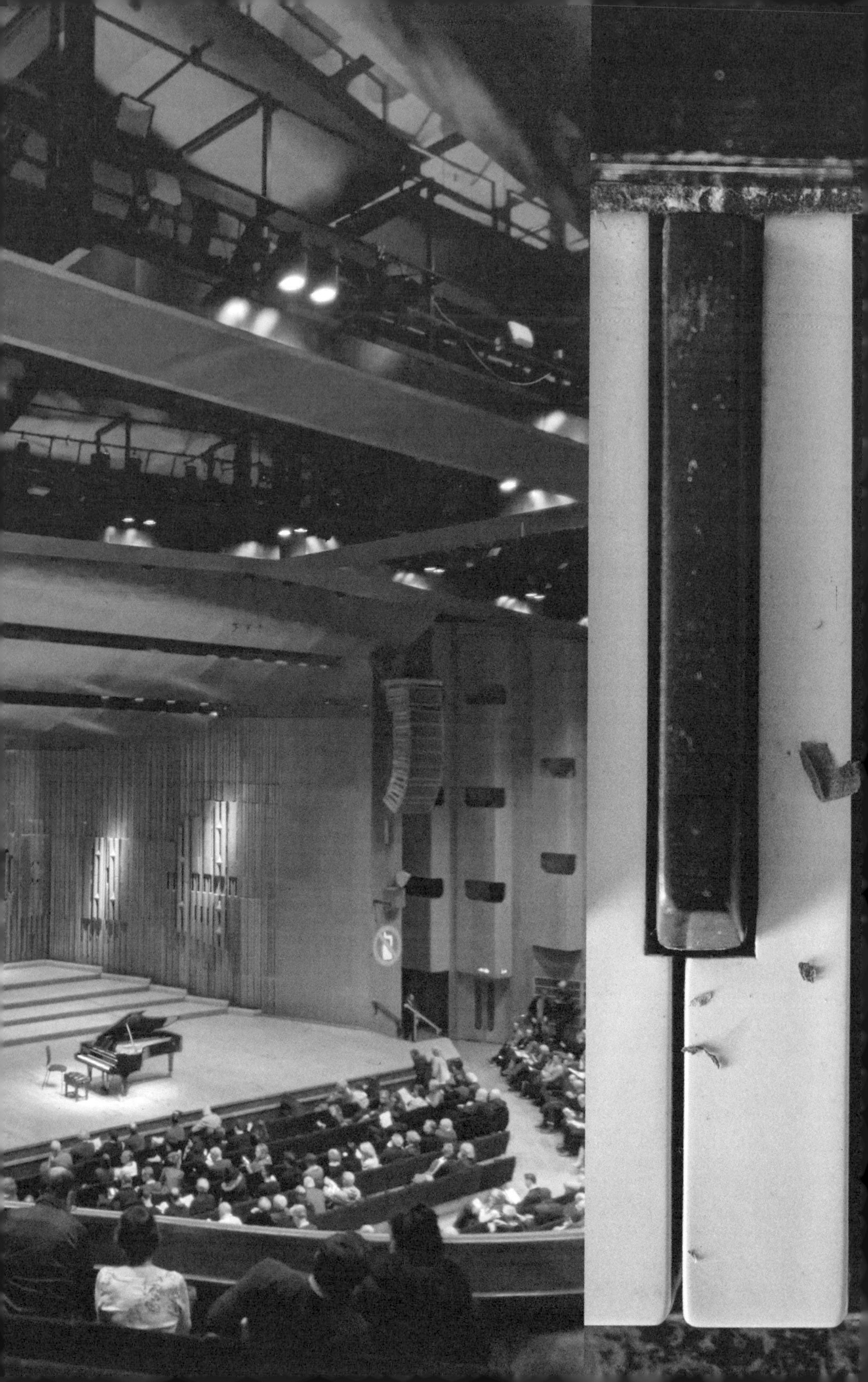

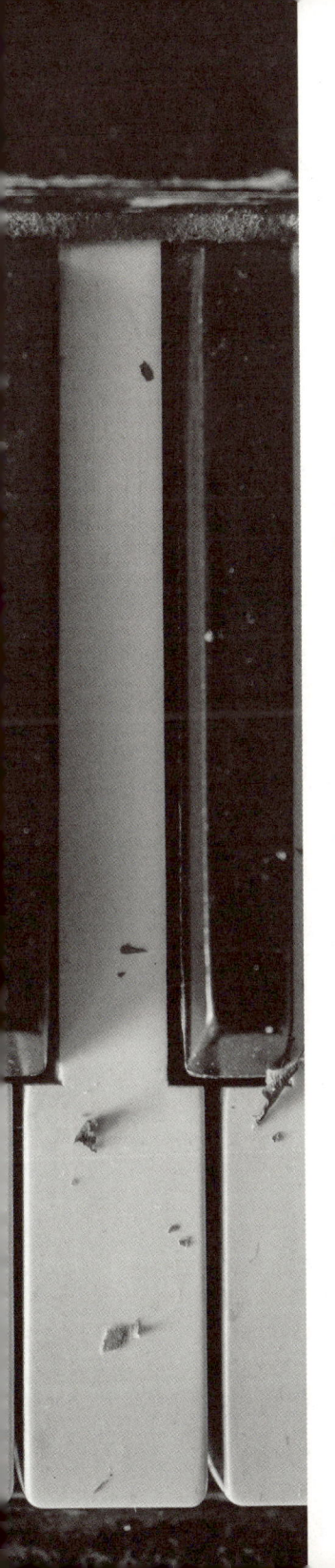

When we hit that wall

遭遇极限

音乐厅座无虚席。我的位置很不错,可以清楚地看到舞台。钢琴家是这场演出的明星,他开始完美地演奏。然而,在《拉赫玛尼诺夫第三钢琴协奏曲》演奏到一半时,他突然停了下来。

他的手僵在琴键上,低垂着头。不一会儿,他转向我们说:"我再也不想在公开场合弹奏了。"这位享誉全球的演奏者似乎遇到了自己的人生极限。不管是什么原因,他无法再演奏一个音符。

Shining our light of resilience takes energy.

让我们的坚韧之光闪耀需要能量。

生活中很多时候，我们知道我们所面对的并不是短跑冲刺，也可能不是马拉松，有时我们会发现自己在参加铁人三项，有 2.4 英里的游泳，112 英里的自行车骑行，还有 26.2 英里的马拉松——为了安全和成绩，项目按照这个顺序安排。

当我们跨过终点线时，全程花了多长时间并不重要，不管多快或多慢，到达终点就意味着一切。

然而就像刚跑完马拉松，我们不能立即坐下来，必须再继续活动一会儿，然后才开始庆贺、调整和恢复。我们暂停下来是为了反思自己走了有多远，也会让自己继续保持灵活和敏捷的状态，同时加强我们的力量训练，这样我们又能以坚韧的状态参加下一场比赛。

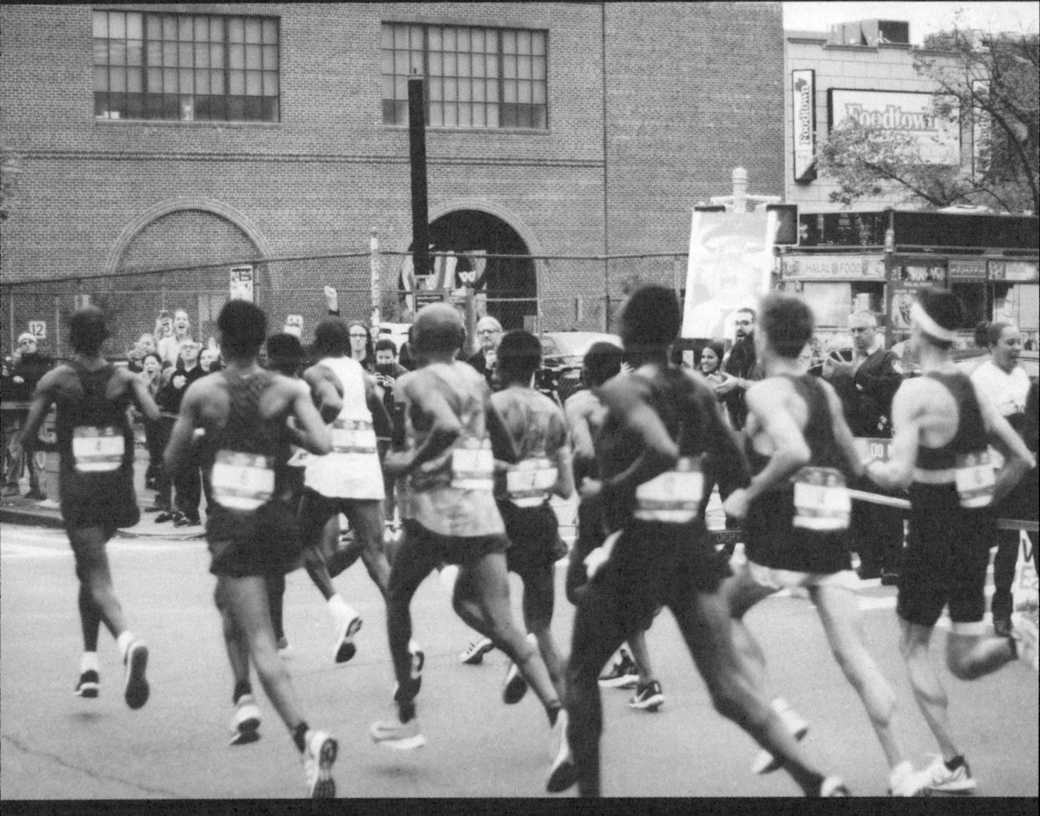
Foodtown
HALAL FOOD

072 · GRACE：领导力的 5 大品格

Hope is resilience

坚韧是希望

我们中的许多人都从父母、祖父母或家里其他亲人那里听说过大萧条时期的小孩子和"二战"时期年轻人的故事,可能提到最多的是关于服兵役或家庭配给这类的话题。

这些故事的影响一直延续着,提醒我们无论面临什么挑战,总有解决办法。事实上,几千年来人类面临过无数灾难,当时的科学和技术远比今天要落后得多,人类的坚韧精神永远是我们的希望。

Our leap of faith

信念的飞跃

当我们还是孩子的时候,炎热的夏季周末通常意味着一件事——去附近的游泳池。坐在泳池边,脚在水里晃动着,我们会抬头看向高台跳水板。它看起来好像也没那么高,我们开始尝试着一级级地向上爬。

当我们爬到第五级时,会觉得上面似乎还有一百多级,汗珠不断从我们脸上滚落下来。唯一让我们继续前进的动力是,如果我们突然爬下梯子,肯定会遭到其他孩子的嘲笑。事实上,我们真的很想爬下去。

终于,我们爬到了顶层,盯着那块跳水板,我们感觉自己就像被海盗惩罚的俘虏要在船舷边走木板一样,根本就做不到。

当我们低头看着自己的脚趾头,努力地想踩住跳板时,我们在余光中看到了一些情景——我们的朋友,在水中浮着。就在刚才,他们也是从高台上跳下来的。

他们现在的状态让我们变得坚韧。

后来,我们听到了他们在为我们加油:"你可以做到的!"瞬间,我们的视角发生了变化,于是,我们纵身一跃。

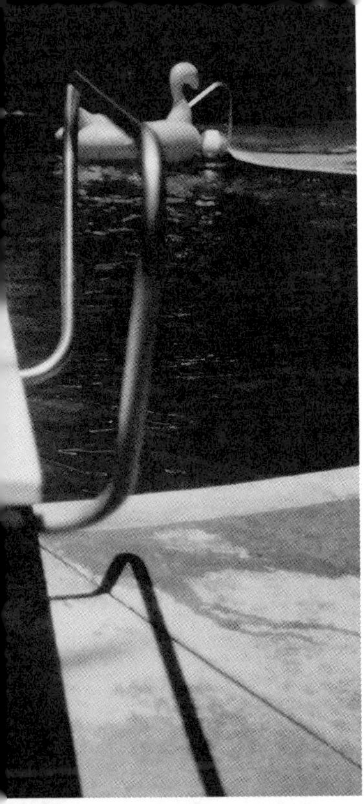
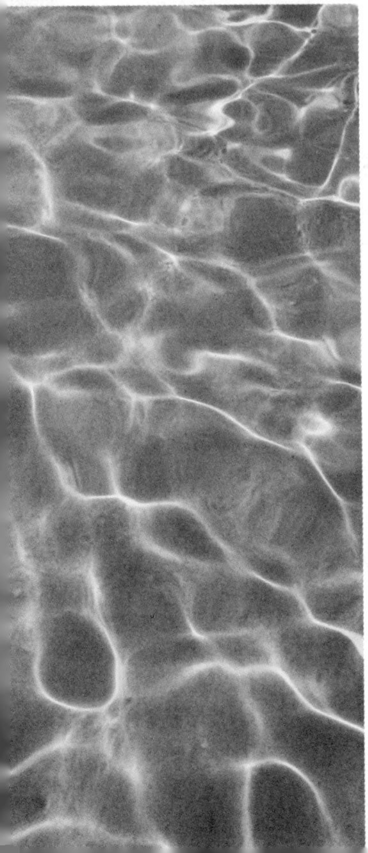
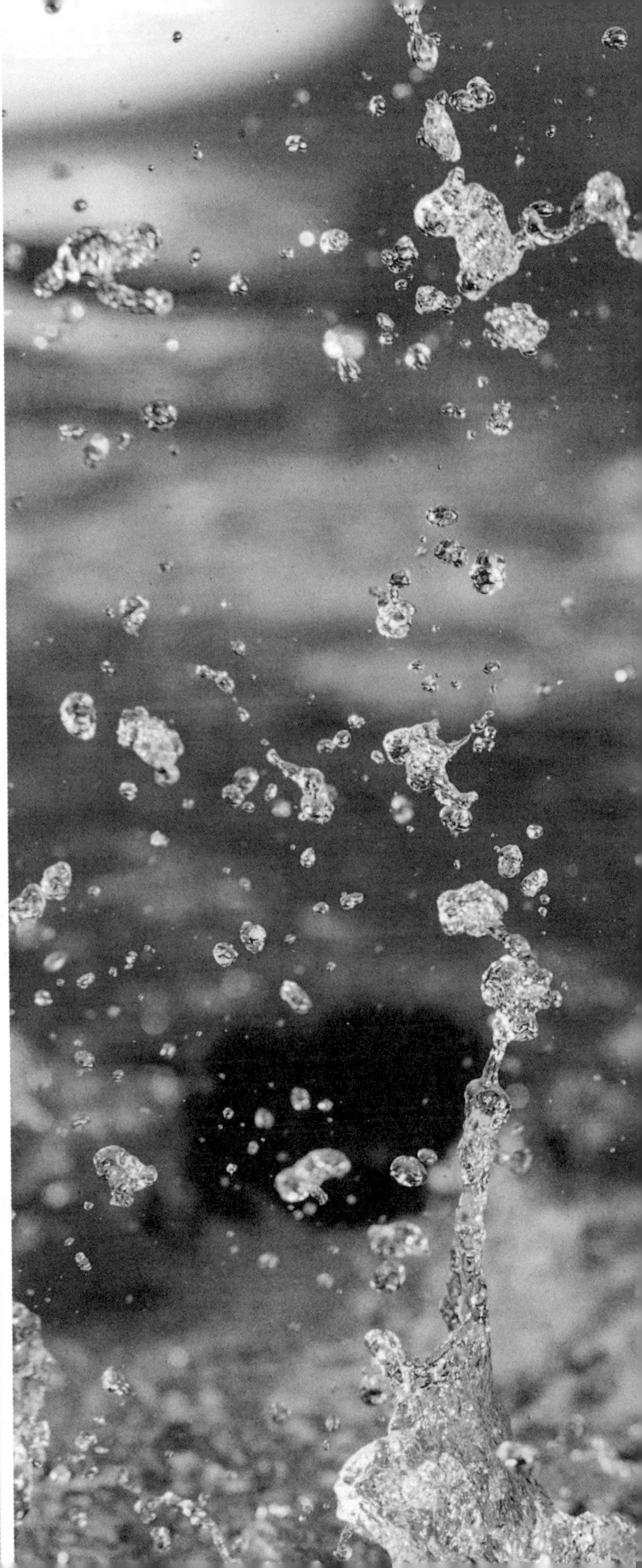

同样，要让自己变得坚韧，我们不能单打独斗。我们需要有好的教练，他们带来指引的力量，同时又能柔和地推动我们，过程中既有关怀，又直达目标，所以教练是笃定和理性的代表。

我们的支持既来自那些接受过正式培训、认证，同时拥有丰富经验的"正式教练"（capital C coaches），也来自那些擅于倾听和鼓励的"非正式教练"（lowercase C coaches），他们也能提供一部分支持。人们总是向领导者求助，不仅是寻求意见或建议，同时也在寻求坚韧的榜样力量，这会实现信念的飞跃。

A good coach can be that still, small voice that tells us,

"*Don't give up!*"

一个好教练会平静地、轻轻地告诉我们"不要放弃！"

Failing to fail
不惧怕失败

没有什么比失败更能塑造坚韧。

记住，领导者都要思考这个问题：如何让员工感到自己是被激励、被赋能的？

我的回答是：从失败开始。这可能会让你感到惊讶。想想看，如果人们害怕失败，如果因为有惩罚或者因为失败而失去了奖励，那么人们就不会有意愿去冒险。更重要的是，他们永远不会获得再次站起来、重新开始的能力。

关于失败，最重要的不是遭受挫败或损失的那一刻，而是在这之后我们做了什么。这不是关于跌倒，而是关于如何爬起来；这也不是关于失败，而是关于学到了什么。失败通常是暂时的，它像暴风雨一样来得快去得也快。我们何苦要让自己被恐惧打倒呢？我们究竟在害怕什么？是我们无法面对失败的可能吗？

可以问自己一个更重要的问题：如果我们不屈服于恐惧，我们能取得哪些更大的成就或目标？

如果失败成为我们文化的一部分，人们会变成什么样子？

第二章 坚韧·079

Truly, the only real failure will be failing to fail.

确实，从不失败才是失败。

080 · GRACE：领导力的 5 大品格

When people know it's safe to fail, they'll become much more resilient.

如果人们知道失败是安全的,他们会更加坚韧。

Getting back on that bike

重新骑上那辆自行车

一位同事分享了他职业生涯早期的一个故事，当时他要参加一家大型会计师事务所的校园招聘活动。当他要穿衣服时，想起西装还在车里，于是他光着脚、穿着衬衫和短裤下了楼，一把钥匙也没带，直到车前了他才发现。这时车门锁住了，他没有西装，没有钥匙，无法回公寓，也无法进到车里，而面试的时间马上就要到了。

无奈之下，他在街上拦住了一个身型和他差不多的陌生人，向他借到了西装、领带、皮带和鞋子。最重要的是，他还借了那人的自行车。他骑了四英里去面试，但赶到学校时已经迟到了，面试官明显有些不悦。

面试中，我的这位同事抓住了一个机会让他顺利扭转了局势，他分享了来之前这段经历——"我在赶来面试之前，发生了一件有趣的事情……"听完故事，面试官哈哈大笑，赞叹道："你表现出来的创造力和坚韧品质，正是我们要找的那类员工应当具备的。"

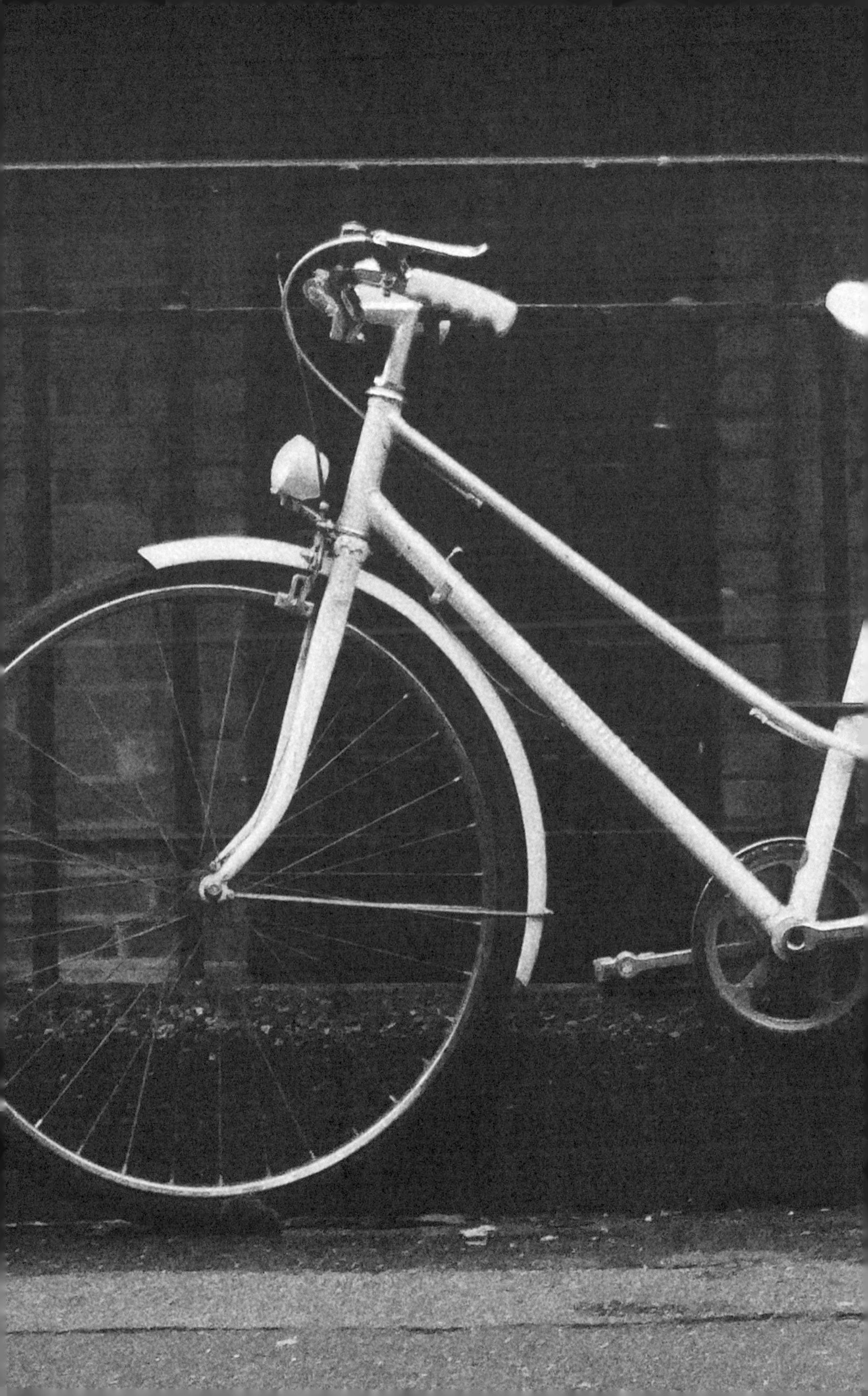

Coming

out of the fog

走出迷雾

当我们身处急流、风暴、乌云密布、地平线模糊不清时，由于我们的认知有偏差，很容易迷失方向。

但地平线总在前方，我们唯一的选择是接受预期之外的事情。

挑战在于我们并不能轻易明白这个道理。根据对数百万高管的评估，我们发现他们面临的 90% 的困难都是非常模糊的。责任越大，模糊性就越大，而模糊性有各种表现，像不确定、晦涩、含糊、疑问和谜团等。

我们需要接受它，避免错觉而不是逃离模糊。

Rowing in unison

齐心划船

有人说,团队力量取决于每位成员的水平,每位成员的力量又取决于团队的水平。坚韧品质会同时加强团队和成员的力量。

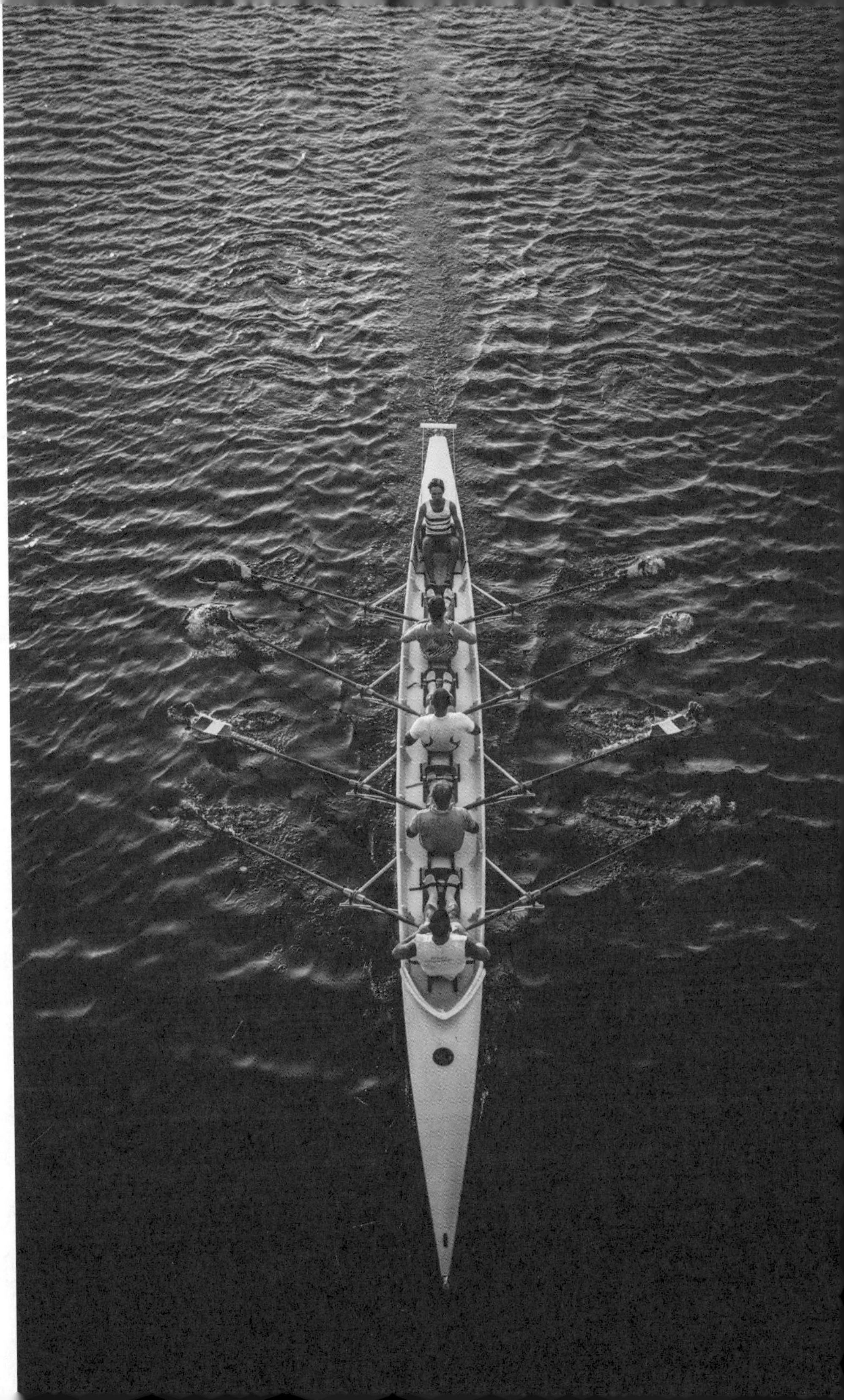

坚韧
不仅让我们
充满活力，
还能为他人赋能。

领导力的本质是将人们从一个地方带到另一个地方，激励人们相信自己能取得一定成就。我经常用的一个比喻是，想象自己带领成千上万名背景不同、国籍不同、经历不同、观点不同的人进行一次跨州旅行，徒步从纽约到洛杉矶。

不是每个人都处于同样的状态。有的人有很多负担——迷失、倦怠、孤独，有时要求他们多走一步，多做一件事都是天方夜谭。然而，也有些人渴望向前冲刺，他们迫不及待地想要前进。

一路走来，领导者就像"牧羊人"，有时在前面，有时在后面，但总会在近旁。这与权力无关，而是赋能。

第二章 坚韧·089

Our metamorphosis

我们的蜕变

蜕变不是一种选择——它是现实。

这不仅是关于重生或周期性再生的话题。蝉每十七年从地下钻出来，嘈嘈杂杂几周后，生命即告结束。它们的繁殖数量高达万亿计，以确保有足够的后代存活下来，而不只是为大自然贡献了高蛋白。

但即使过了十七年，蝉依然是蝉，没有变化。蝴蝶却不是这样，它会经历自然界中最剧烈的蜕变。它爬着出生，飞舞着到达生命终点。

几年前，我亲身体验了蜕变的过程，在突发灾难面前，人们体会到无力感，灾难迅速危及生命。加利福尼亚的山火摧毁了数百万英亩的土地和无数的房屋，并夺走了许多人的生命。肆虐的野火逐渐逼近我居住的地方，威胁着数千人的生活。我们附近的房屋尽数烧毁，有几座（包括我家）后来因风向改变而幸免于难。

但这并不是故事的结局。

山火过后，下起了瓢泼大雨。慢慢地，大地又恢复了生机。大自然永远是坚韧的，大峡谷又开始郁郁葱葱，鲜花灿烂绽放，而不久之前这里还是焦土遍野的样子。

有一天，我驱车到了海滩边，看到空中数百万只蝴蝶在起舞。起初我不敢相信眼前的情景，它看起来太不真实。我放慢了车速，看着蝴蝶轻盈地飞过挡风玻璃，但自始至终都没有哪只撞上来。

那是一片蝴蝶的海洋，是蜕变的终极象征。

就像那些蝴蝶一样，我们可以破茧而出，将损失转化为学习的机会。

The new world belongs to the most resilient.

新世界属于最坚韧的人。

第二章 坚韧

Where resilience meets reality

坚韧与现实相遇

在一次管理会的开场，我展示了一张图片，我问大家看到了什么。大多数人都偏向乐观，因为他们将注意力集中在一个年轻女孩在采花的前景上，但也有少数人表示他们的注意力被背景中的破旧建筑所吸引。17人中只有两人表示前后景都关注到了。

这就是我展示图片的用意所在：虽然有希望与乐观的前景（鲜花），但悲观的可能以及现实告诉我们，总会有风险和挑战需要克服（破败的建筑物）。我们最大的盲点是卡在过去，默认事情会以过去的方式再次发生。我们要有敏捷的姿态和不屈的毅力，奋起迎接现实向我们提出的任何挑战。

抬头，向前，大步走！无论我们将面临何种障碍或挑战，总有前进的道路。事实上，我们将在行进时走出自己的路。

第三章

渴望

认为明天因我们而不同,世界因我们变得更好

ASPIRATION

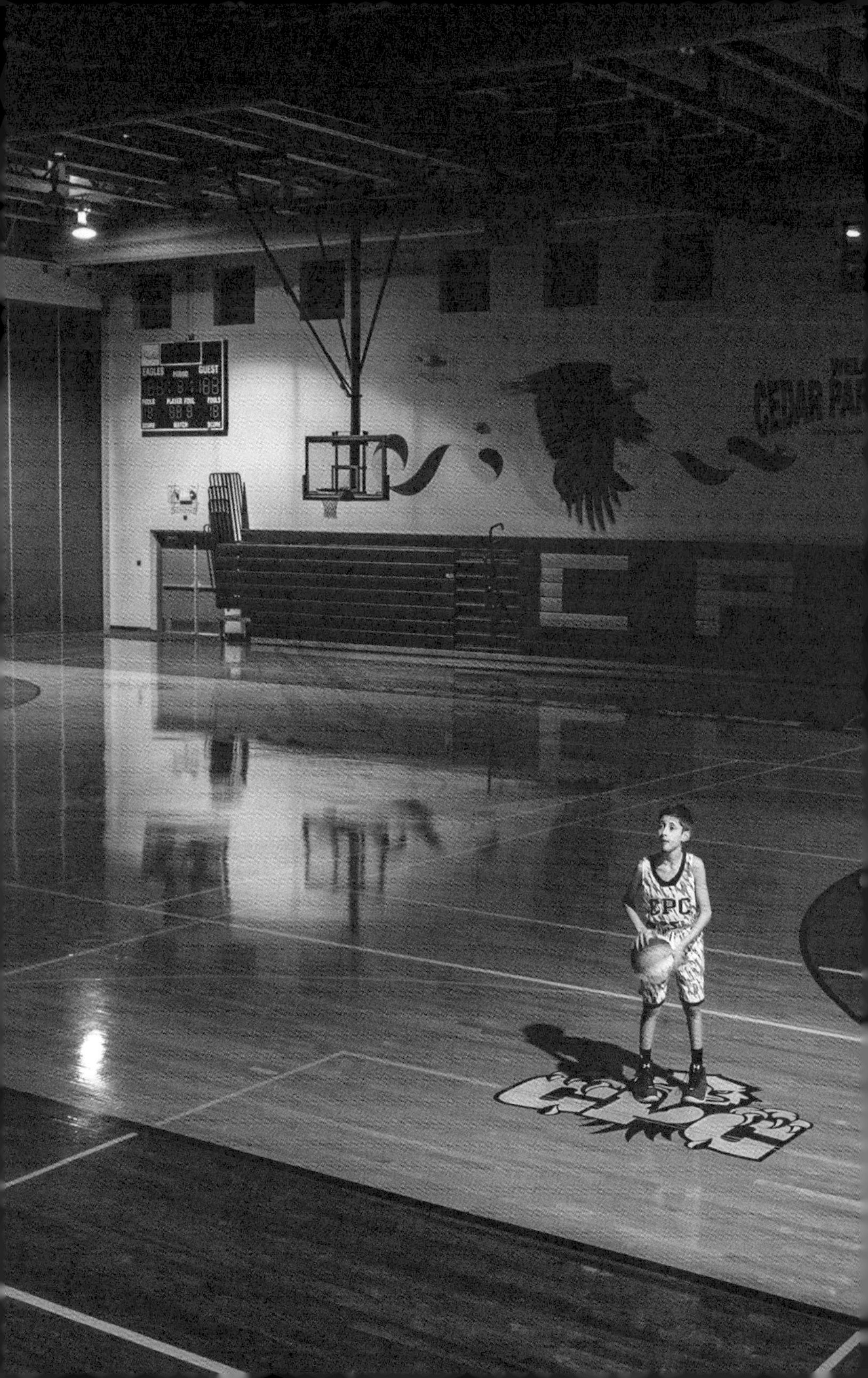
EAGLES
GUEST
EPC

**Aspiration is the knowledge
that we can make tomorrow**

*different and better
than today.*

渴望是一种知识，它让我们可以创造出
不同于今天的一个更美好的明天。

**我们觉得
我们可以伸手触摸星星。**

几年前,我和家人在一处荒野观看星空。因为没有城市的灯光影响视线,每一处微小的光点都闪耀着晶莹剔透的光芒。我们用望远镜观察时深深地被银河系无数的恒星和漩涡震撼。在那一刻,我们感觉似乎和一个更大的整体产生了某种联结。

今天,我们也需要有类似的宇宙转换视角的能力。当我们通过望远镜正确的一端观察时,远处的事物被拉近了,但如果用望远镜的错误一端观察,事物离我们更远。

我们要问自己:我们在通过望远镜的哪一端观察?

即使有时事物看起来如此遥远,但它们实际要近得多。当我们清晰地看到自己走了多远时,我们会更充分地发现自己的成长和进步。

这不仅只关于我们自己。

As we raise our sights, we elevate others, as well. Their aspirations become our

inspiration.

当我们拓宽视野时,也会发现他人的闪光点。
他们的渴望成为激发我们的灵感。

The A in GRAC

希望、欲望、渴求、期待、愿望、目的……以上每个词都有助于定义渴望，但相较而言，渴望更加意义深远。渴望不是一时之念，不是当下就可实现，它是一个愿景、一个目标，它不仅是我们想要实现的目标，它还表达了我们自己想要成为的样子。这就解释了渴望在 GRACE 模型中占据中心位置的原因。

渴望让我们把目光投向了未来,当其他人只看到云层时,作为领导者,我们必须向他们展示,可以在云层中开辟出一条通道,让我们看到云层上方的蓝天。

What lens are we looking through?

我们在
用什么镜头？

心态是一种有意识的选择，我们每一天、每一分钟都在做选择。我们要问自己：我们在用什么镜头观察这个世界？我们抗拒变化吗？还是拥抱变化？因为变化，我们将扩展新视野、获取新机会、结识新朋友、学习新事物、享受新体验。著名的哲学家和作家阿道司·赫胥黎（Aldous Huxley）曾说："经验不是那些发生在你身上的事情，而是面对这些事情时你如何应对。"

TURN TO CLEAR VISION
QUARTERS ONLY
U.S. Manufactured
and Distributed by
THE TOWER OPTICAL COMPANY, INC.
P.O. Box 251
South Norwalk, CT 06855
50¢
TO OPERATE
TURN
HANDLE
ONE
FULL
TURN
1864

The open road

开阔的道路

当我还是个孩子的时候，周日下午坐车兜风可是件大事。从有人晃着车钥匙说"我们出去转转吧"那一刻开始我就充满着各种期待。

我至今还记得坐在我家老爷车后座上的情景——收音机开着，车窗摇下，微风吹过我们的脸庞。我们住的城市很小，当时从小城的一端到另一端开车也不到十分钟。然而，一旦我们开车离开小城，目之所及，尽是堪萨斯州中部的无边农田和开阔道路。

那时，我们的渴望不过是坐车行驶数十里，体验纯粹的乐趣。这就像影片《爱丽丝梦游仙境》里爱丽丝向妙妙猫问路——提问者并不真正关心自己要去哪里，因此，正如妙妙猫回应的："这样的话，走哪条路都可以。"

一切都是关于过程。有时，这就够了。

时间快进到另一次周日兜风，那时我已成年，正在中西部出差。"我想给你看点东西。"我的一个朋友说。这样，我们从一开始就设定了一个具体的目的地和结果。

我们的目的地是哈钦森（Hutchinson）盐矿，现在已是博物馆的一部分。当我还是小男孩时，有人曾给我一块盐石，我还记得自己舔了舔，想尝尝它的咸味，但当时并没有去思考它们怎么来的。其实即使当时有人告诉我，我也无法想象，直到我亲眼看到。

我和我的朋友站在一个巨大的矿井中，距离地面约 650 英尺深，温度保持在 60 华氏度（译者注：约 15 摄氏度）的恒温。哈钦森盐业公司的矿山占地 980 英亩，隧道网络长达 150 英里。开采出来的矿石存放在矿场的安全区域，以免受洪水、火灾和龙卷风的侵袭，这样的画面既出现在好莱坞经典影片中，也出现在美国各个州以及国外的珍贵档案记录中。

直到那一刻我才知道，有些东西一直都在那里，而且就在我的脚下。所需要的只是有人为我展示出来。

就像我们在周日下午兜风时那样，
我们需要问自己：

Where will our aspirations take us next?

接下来，渴望会带我们去哪里？

第三章　渴望・109

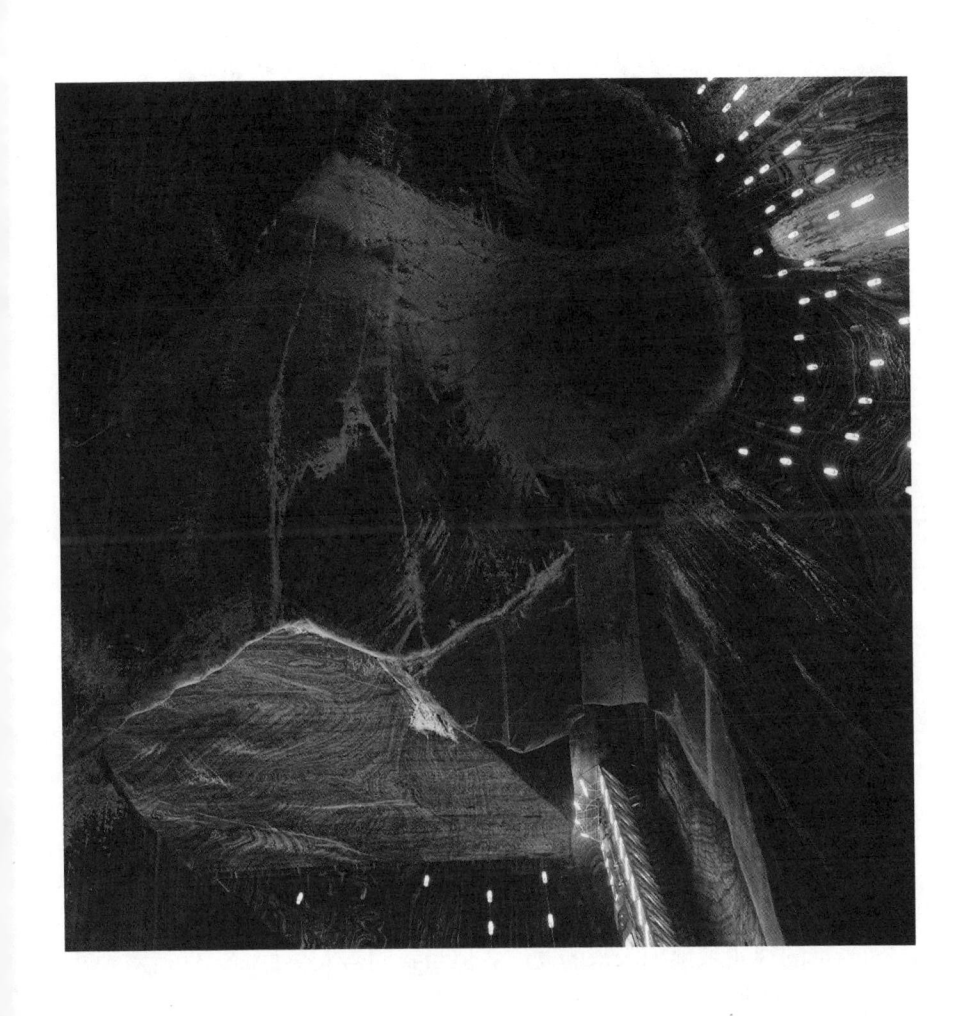

Keeping it real

保持真实

好东西过犹不及——即使是希望或渴望。它归结为一个平衡问题,即如何让希望与现实匹配——在这个过程中,我们必须不断地重新校准,而且最好是自上而下地发生。

领导者的职责是传达意义,这是实现互相理解的通用方式——一方面要考虑现实因素,另一方面要让他人安心,同时还要考虑回报与风险。这就是一个蒙特卡罗模拟(Monte Carlo simulation),我们通过准确感知当下的现实来预测未来的发展。但当我们与人交互时,保持对现实的乐观是很重要的。

然而,有些人会截然相反,他们经常在痛苦中挣扎。他们沉浸在悲观的现实中,认为希望很渺茫。

我们要记住,现实让我们脚踏实地,希望让我们奋发向上。

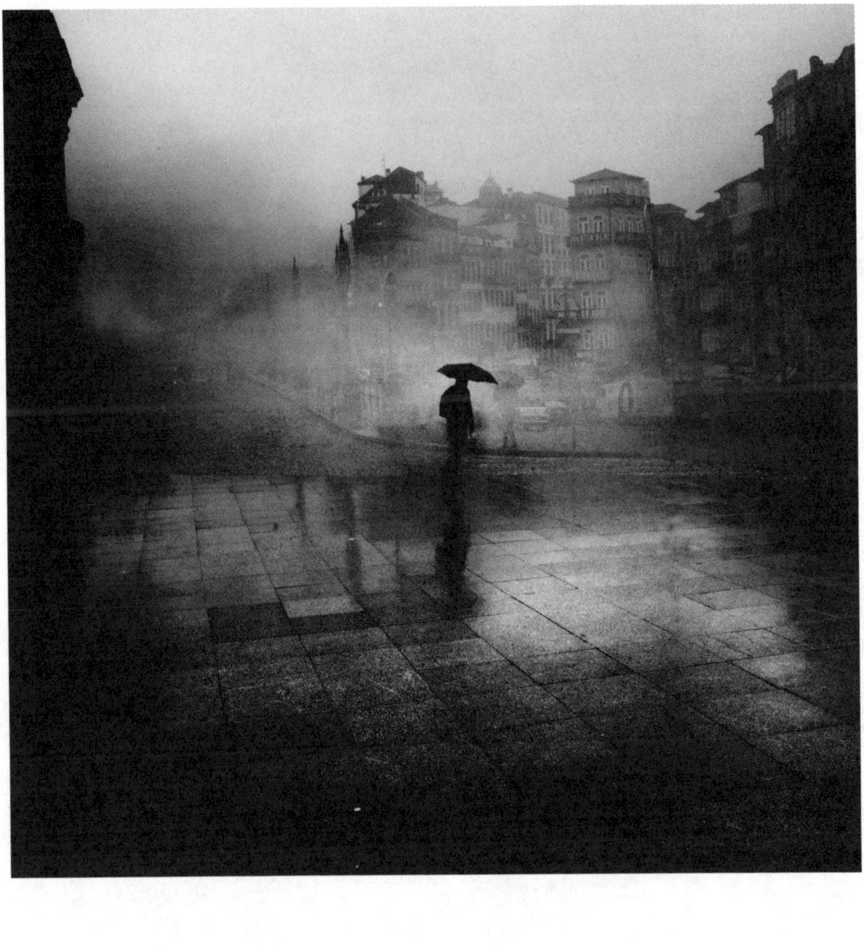

Our Ode to Joy

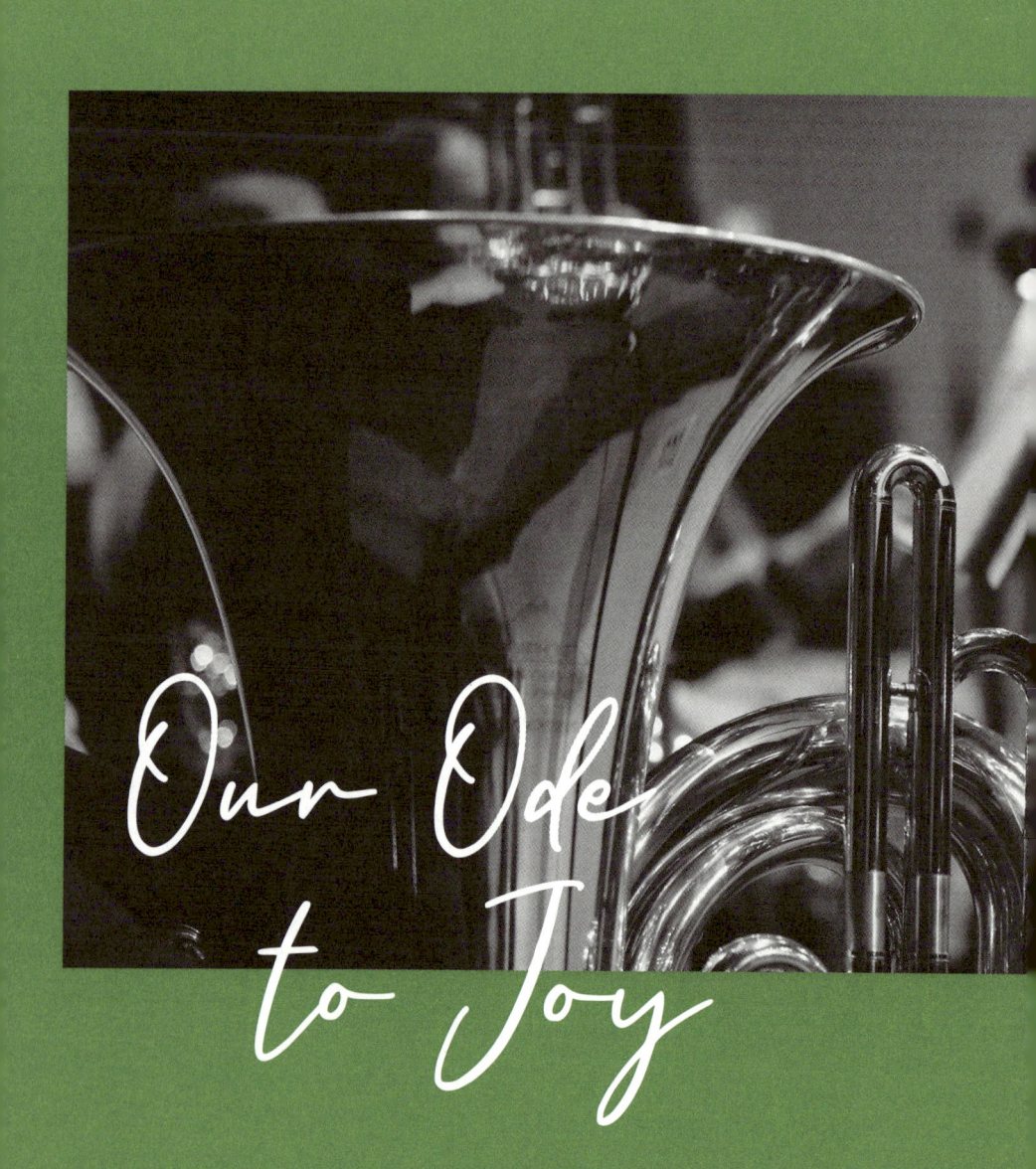

我们的欢乐颂

上大学时，我无法想象这两种不同的音乐体验。我先是攒够了钱去听了皇后乐队的演出。一个月后，一位朋友拿到了洛杉矶爱乐乐团的演出门票，他们将在好莱坞露天剧场演奏贝多芬《第九交响曲》，朋友拉我一起去听了这场演奏会。

坐在那里，盯着舞台，我的脑海里闪过两个念头：我在这里做什么，还要持续多久？我最大的愿望就是尽快离开那里。

当爱乐乐团开始演奏《第九交响曲》的第一乐章时，我禁不住轻轻发出了声，我像是被音乐打了一针麻醉剂。随后，不经意间我被一段重复的旋律深深吸引。到第四乐章也是最后一乐章——贝多芬著名的《欢乐颂》——那高亢、恢宏的旋律震撼了整个好莱坞露天剧场。每个人都被深深地感染，有股显而易见的能量席卷了整个圆形剧场。

我至今仍记得那份经历，只能用一个词来形容——快乐。

当贝多芬在 1822 年到 1824 年间创作《第九交响曲》时，他已失去了听力，但他并没有失去创作的热情。受那个时代的启蒙、团结思想的启发，贝多芬富有激情地将弗里德里希·席勒的诗歌《欢乐颂》改编成音乐，他也因此成为第一位将乐器和人声合唱结合到交响乐中的作曲家。这个作品是一种体验，是需要创造、听到、看到和感受到的共享体验，时至今日，它仍被认为是贝多芬最伟大的作品。

几个世纪以来《欢乐颂》已成为对希望和团结的赞颂。奥运会和柏林墙倒塌时都演奏了这首乐曲，同时它也成为了欧盟的盟歌。

Now, as we set our sights on the future, we need to ask ourselves:

"*What is our Ode to Joy?*"

现在,当我们畅想未来时要问自己:
我们的欢乐颂"是什么?"

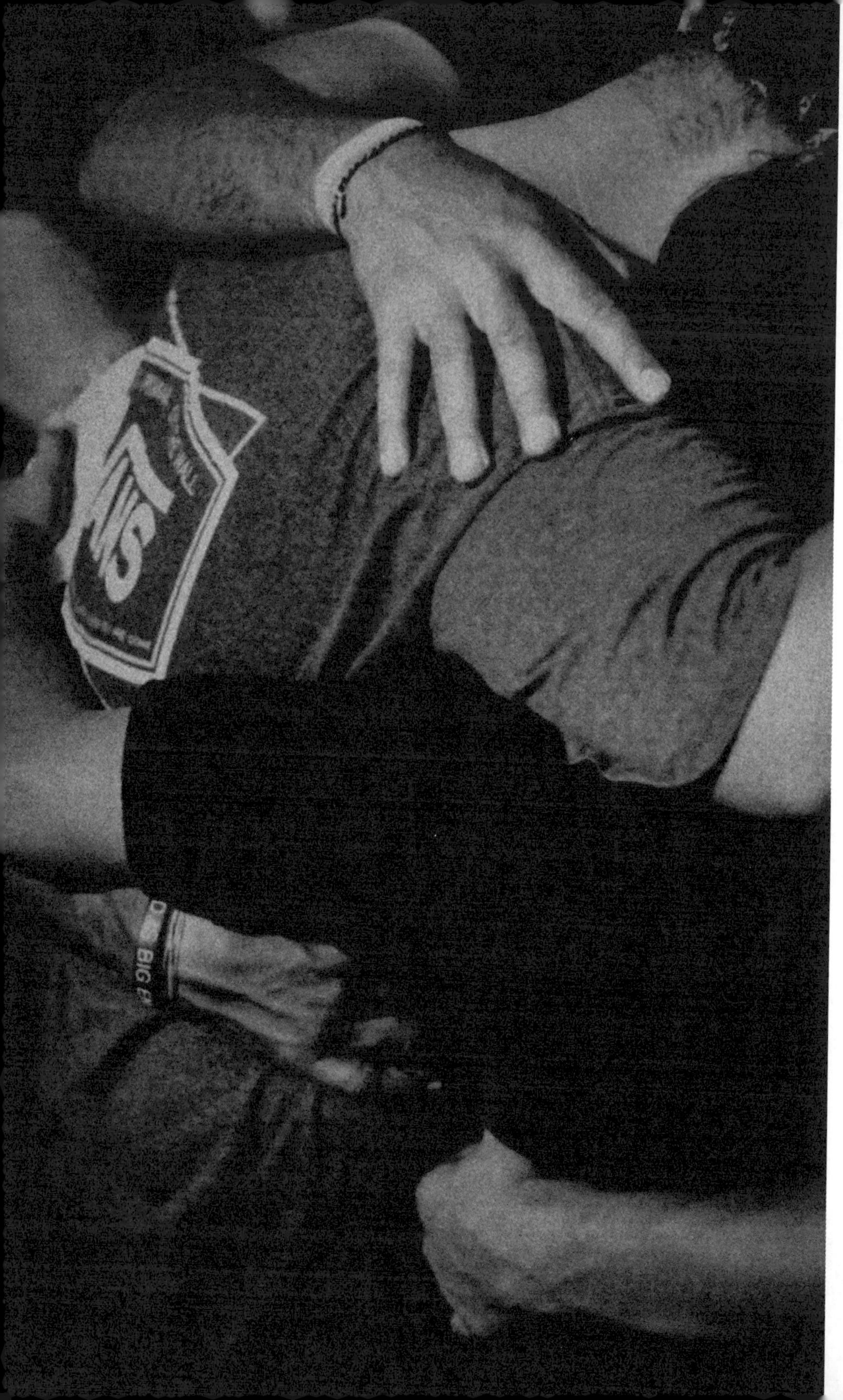

Longing to belong

渴望归属

仅仅适应环境是肤浅的——就像不被注意地偷偷溜进一个房间。归属感的力量更强大,它激发了我们内心最深切、最根本的渴望,希望能与比自己更强大的集体联系起来。我们渴望被爱,渴望了解我们做什么是有意义的。

我们渴望被看到、被听到。创造出一种社群的归属感以及团结友爱的氛围,比以往任何时候都重要。我们需要明确每个成员的价值和意义,组织的发展仅靠动力是不够的。

这一切都有关个人的渴望,那股能让梦想实现的力量。

渴望被激发

牛市时，人们向领导者寻求验证；熊市时，人们向领导者寻求慰藉。这是希望和 GRACE 的结合。

作为领导者，我们通过言辞向他人传递希望、安定和信念，同时我们的表达方式也会传递信息，比如我们的语气、状态和态度。毕竟，我们不仅是信息的传递者，我们也是信息本身。

但首先要吸引人们的注意，而不是想当然。最好的方法就是讲一个故事——每个人都有故事。故事会让我们和他人产生联结感，也可以宣泄我们被压抑的情感，故事里有喜乐哀愁，也有成败得失，这些都在定义我们是谁，我们将成为谁。

当然，并不是每个人有能力进行一场即兴的 TED 演讲或立刻让听众着迷。我们也不必为此执着，我们只需要做好自己，脆弱而真实的自己。

事实上，当我们更多地分享自己的经历时，其他人也会更多地分享他们自己。我永远不会忘记那天一位同事向我传递的信息，他的坦诚和脆弱深深地打动了我："我想分享我的故事，之前我从未在企业环境里和任何人提及……"

有些故事非常朴素但又充满了情感。有些故事讲述了人们最终可以成为他们真正想成为的样子。有些人刚开始讲故事时会有困难甚至有些扭捏，渐渐变得自如，之前的羞涩感也一扫而空。这些讲故事的人从不关心润色或呈现，他们坦陈自己的内心，用自己独特的方式理解他们所处的现实世界。

Aspiring to inspire

第三章 渴望 · 119

The best stories unify us through common experiences, while also celebrating the differences that broaden our thinking.

好故事通过共同的经历将我们团结在一起，也会因彼此的不同而互相拓宽视野。

They inspire to aspire.

它们激发了人们的渴望。

第三章 渴望 · 121

Bringing others ashore

带其他人上岸

确实，领导者关心的是"做什么""如何做"以及"何时做"。但归根结底，我们都必须关注"机会"，因为超越潜能不仅关乎个人，还关乎我们所有人。

有位同事曾与我分享一则寓言，它完美地诠释了这一点。汪洋大海中有一艘船遭遇了暴风雨的猛烈袭击，船员们不得不弃船逃生。他们被困在一只小救生筏上，在海上漂荡了数天。最后船长终于到了一座荒岛的沙滩上，和他一起的还有十个浑身湿漉漉、又冷又怕的船员。

船长本能地向其他人保证他们会获救。同时，他表示，当务之急是要修建临时住所、生火和寻找食物。于是大家分成小组开始工作——人们开始重拾信心。

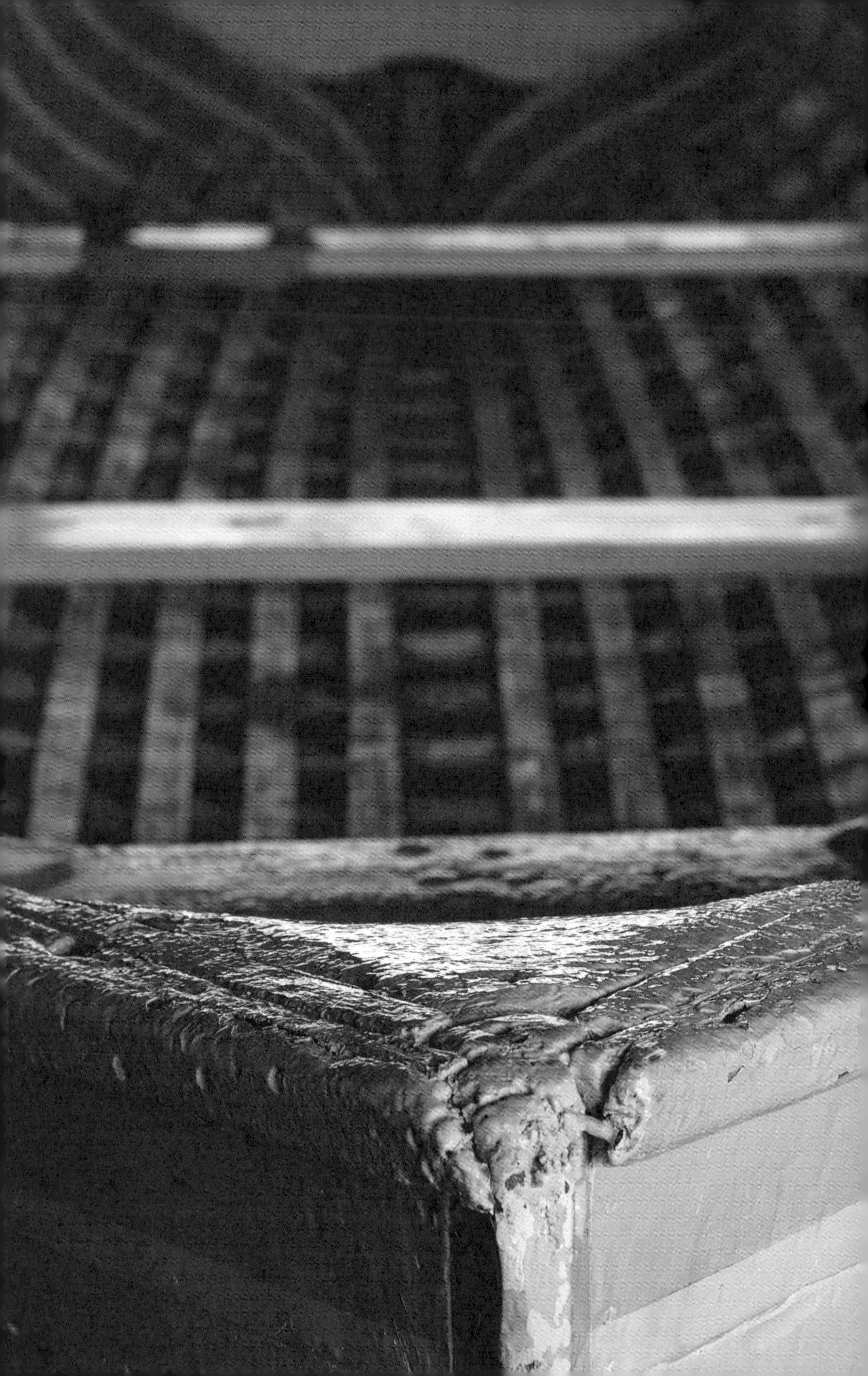

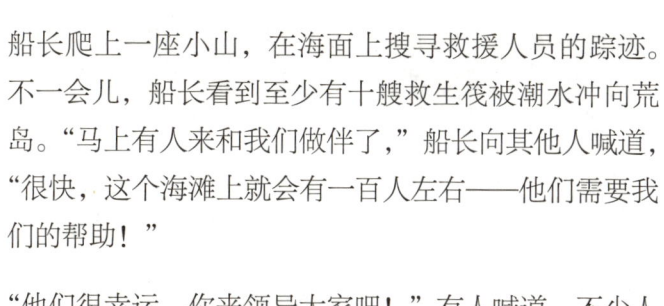

船长爬上一座小山，在海面上搜寻救援人员的踪迹。不一会儿，船长看到至少有十艘救生筏被潮水冲向荒岛。"马上有人来和我们做伴了，"船长向其他人喊道，"很快，这个海滩上就会有一百人左右——他们需要我们的帮助！"

"他们很幸运，你来领导大家吧！"有人喊道，不少人点了点头。

"不行，"船长说，"那行不通！一个人直接领导不了那么多人。我需要你们每个人去接一个救生筏，接下来的几天里去帮助那些人，直到我们获救为止。"

大家看起来不太高兴，"我们怎么能做到呢？"他们问。

"和我一样，"船长说，"这并不难，让他们对自己的未来放心，帮助他们了解现在需要做什么，并在他们的能力范围内明确他们的责任。"

"那么，你要做什么呢？"有人问。队长解释说："帮助你们每个人成为团队需要的领导者，这就是我的工作。"

无论何时何地，人们都在寻找希望、帮助和英雄。但我们每个人都必须自己站起来，让人们安心靠岸。

bring them ashore.

第三章 渴望 · 125

就像这则寓言故事里讲的，我们需要领导力ABC三要素，也就是责任感（accountability）、信念（belief）和能力（capability）。

The ABCs of leadership

领导力
ABC 三要素

我们希望在他人身上看到的责任感始于我们自己,也就是说,我们必须首先对自己和自己的行为负责。相信它,表达它,坚持它,实践它!

相信自己会有所作为,改变就有了可能,这会让我们付诸行动。但如果我们不相信,我们就无法成功。

能力是一个宽泛的范畴,包括倾听、联结、启发、给予和获得真诚的反馈、拓展关系网络、与他人一起探索以及不断寻求学习的机会。能力发展的过程也是信念和责任感指引行动落地的过程。

As good as our last promise

言必行，行必果

首先，我们必须要有信念。毕竟，领导力是关于激励他人坚定信念、最终让信念成为现实的过程。

其次，我们要鼓励彼此信任。事实上，我们可以把信念和信任想象成高速公路上的两条并行的车道。

为了让别人信任我们，我们要言出必行，言行一致，我们应做到表里如一。

我们唯一要做到的是守住最后的承诺。

第三章 渴望

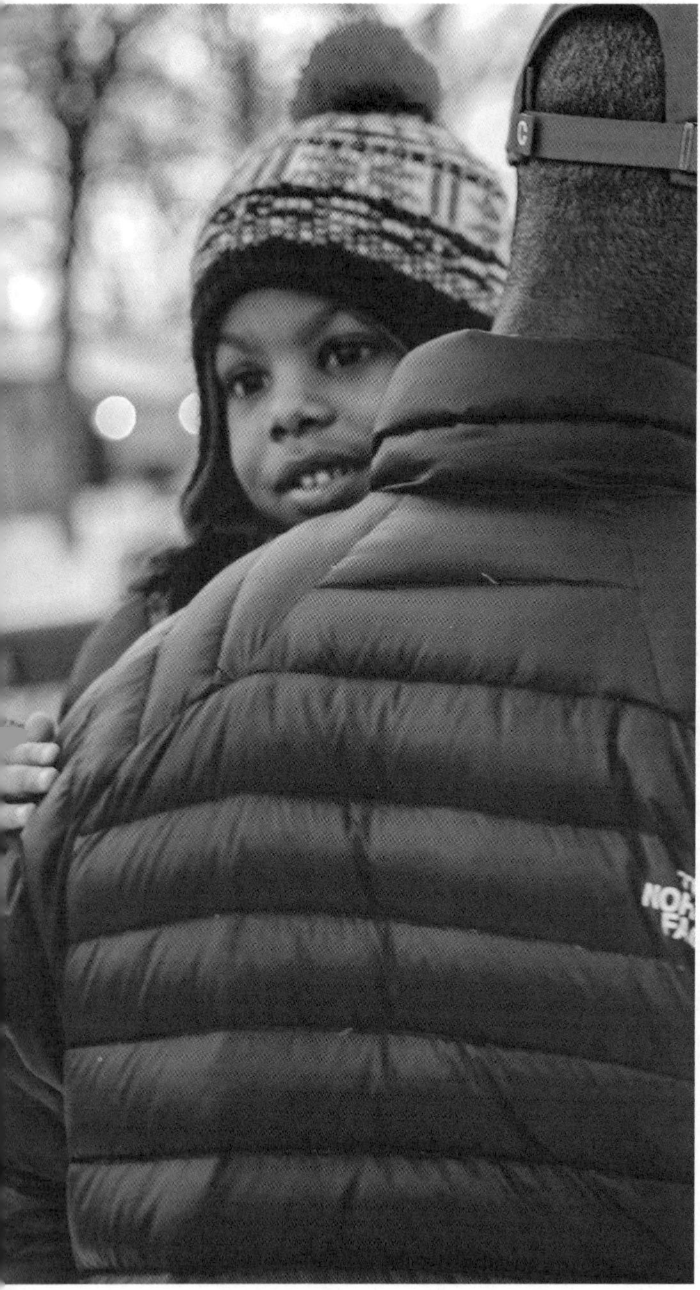

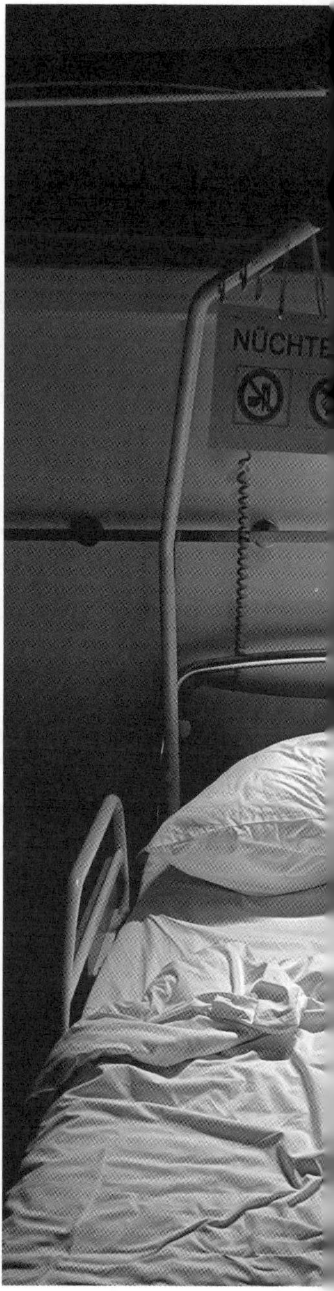

Hope never dies

希望永不消亡

我永远不会忘记有一天我遛狗时看到的情景,当时我走在一段人行道上,被地上的粉笔字所吸引,那显然是孩子的笔迹,写着"一切都会好起来的"。

我的记忆马上被拉回到几年前,我五岁的儿子杰克在医院的一间无菌术前室等着接受手术。前一天晚上我们一家人都很平静,但当一大早护士进来给杰克的手臂扎了一针后,气氛顿时紧张了起来。

杰克睁大眼睛,转过来问我:"爸爸,一切都会好起来吗?"

相信父母们或早或晚都会被问到这个问题,对我来说这是第一次。当时我被自己内心的恐惧震惊了,我强打起精神,非常笃定地告诉他:"是的,会好起来的。"

多年后，我们的角色互换了。我躺在医院病床上，第三次因为腰椎间盘突出而住院。当我准备进行手术时，杰克抓住我的胳膊对我说了同样的话："爸爸，一切都会好起来的。"

希望可以覆盖恐惧、激发信念，令我们的思维从消极转向积极，然后，我们会百分百地相信：明天会和今天不同，而且会更好。

我们看到了别人看不到的东西，描绘了他们还无法想象的画面。就像画布上的笔触，或者人行道上那个孩子纯真的笔迹，这些图景和信息为我们增强了希望，传递了信心，也大大激发了我们的内在渴望。

Tomorrow will be different and better than today.

明天会和今天不同,而且会更好。

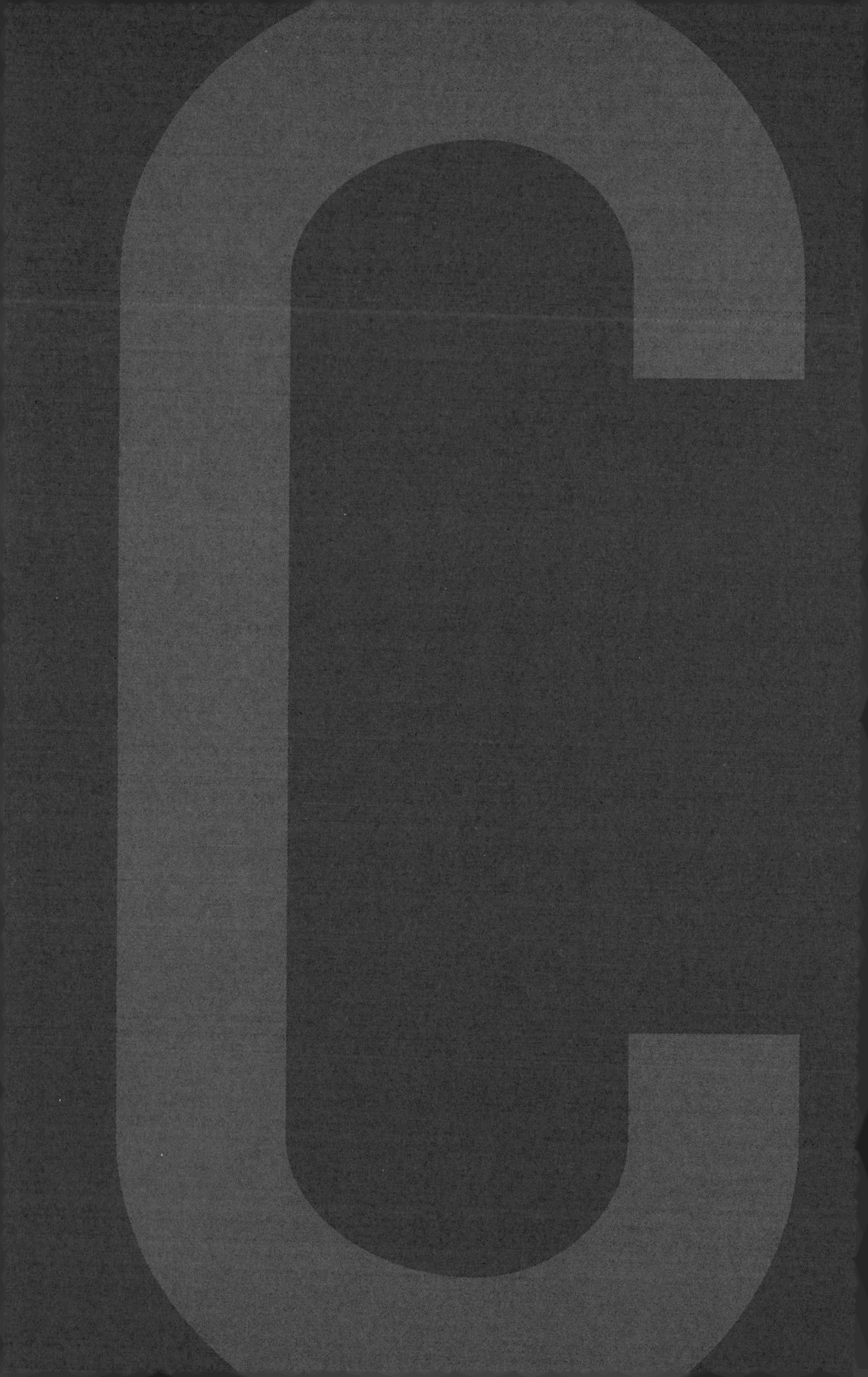

第四章

勇气

并非"无所畏惧",却能"直面恐惧",
并"克服恐惧"

COURAGE

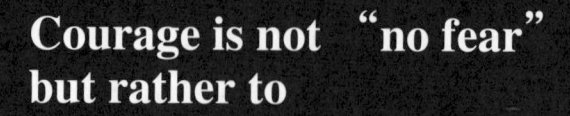

Courage is not "no fear" but rather to

" know fear "

勇气不是"没有恐惧",
而是"直面恐惧"

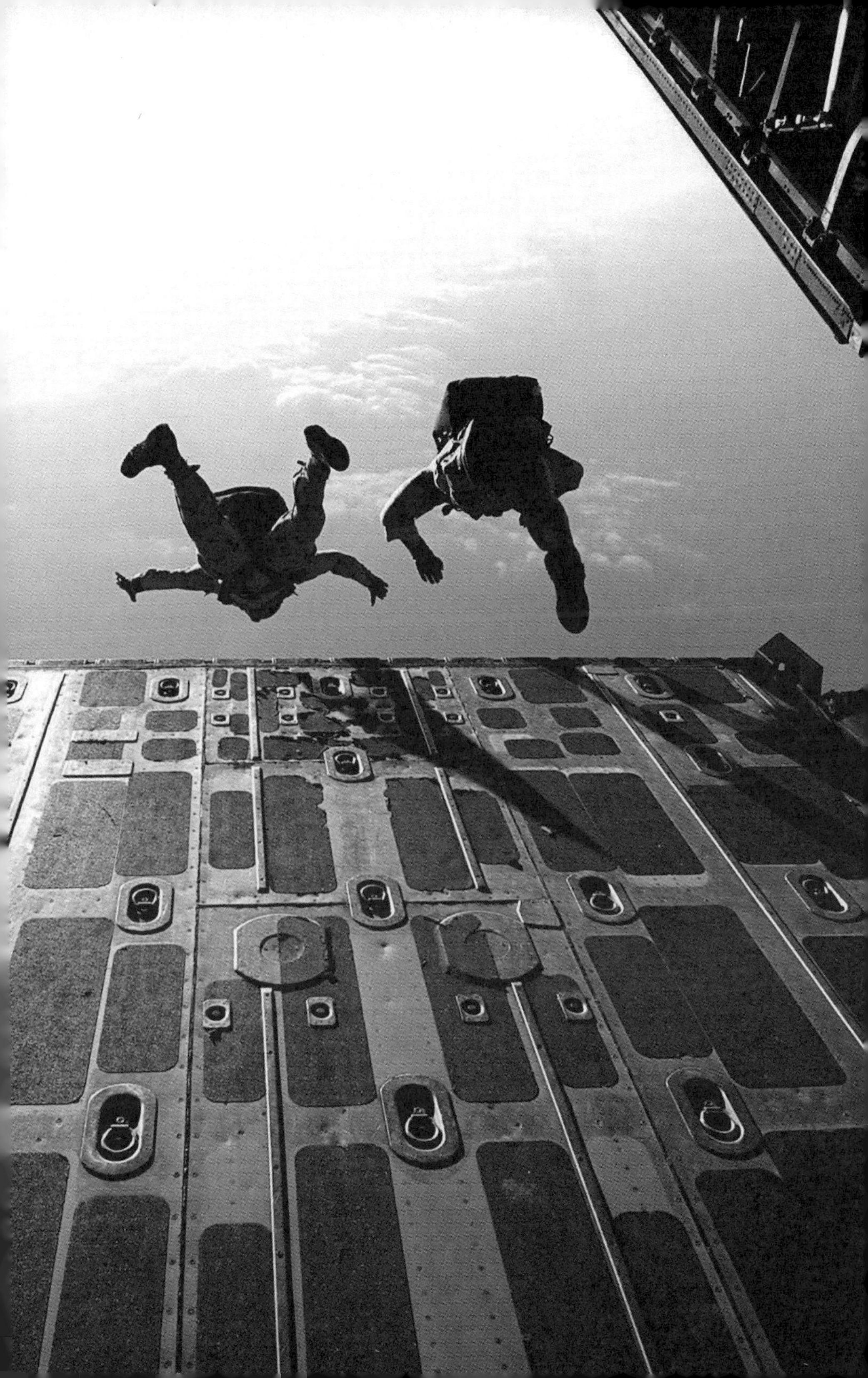

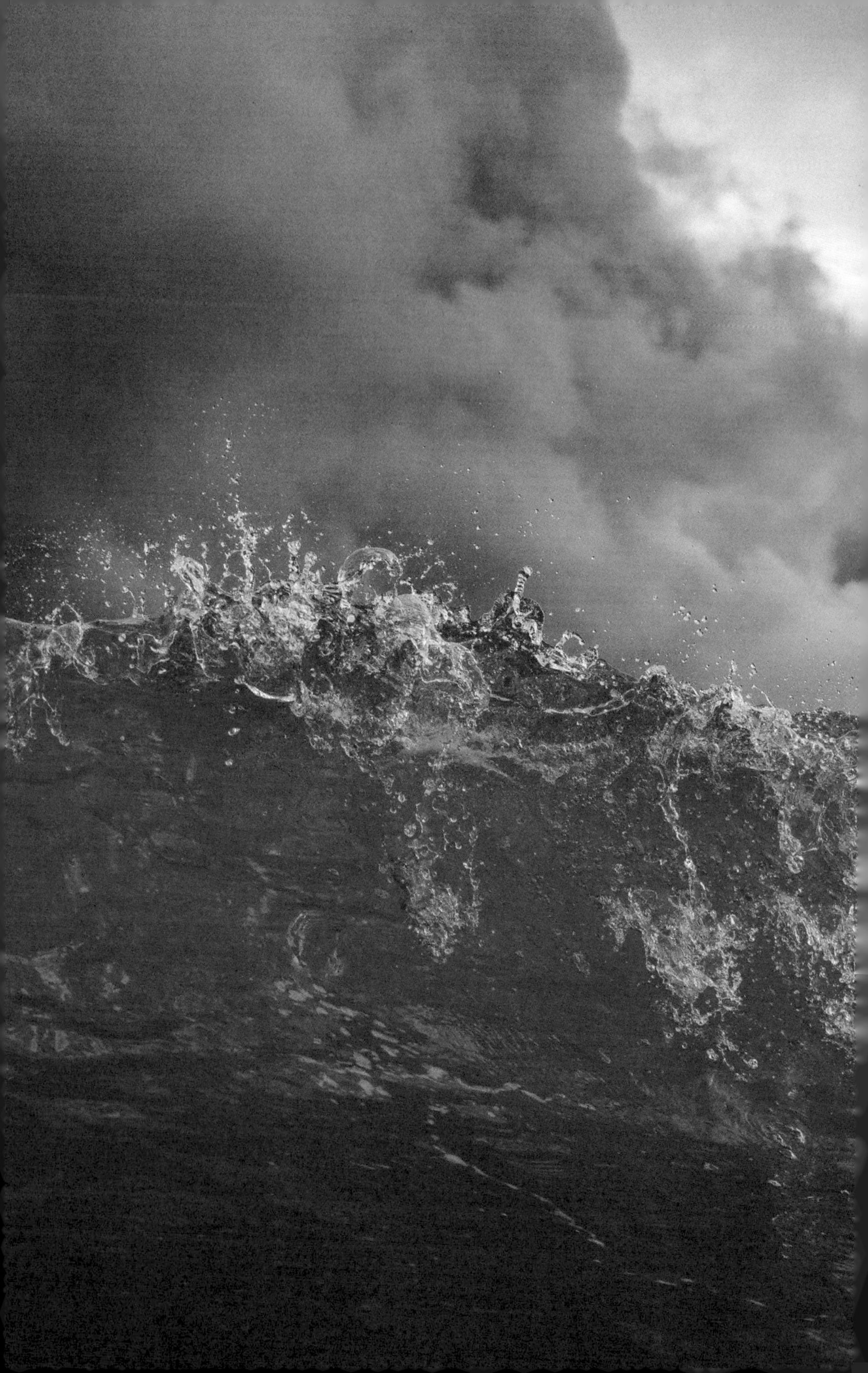

我永远忘不了第一次被海洋离岸流困住的可怕经历。

那时我年纪还很小,非常恐慌,我的第一反应是拼尽全力,尽快游向岸边,但根本游不过去。事实上,我在继续下沉,而且越来越低。

幸运的是,当时有一个年长的小伙伴和我在一起游泳。他抓住我的肩膀大喊:"你要往相反的方向游!"

等终于游回海滩,我一下子跪倒在地,精疲力尽。经过这次经历,我从中学到了一个宝贵的经验:要学会顺势而为,而不是逆流而动。

每当我们面临模糊性的困难或感到焦虑时,同样的经验也是适用的。不可否认,那些时刻可能非常艰难。焦虑是一股缺乏目标的能量。

但这些是学习和指导他人的机会,让他们在不自在中变得更加自在。关键的第一步是要有暂停的勇气,在地图上放大镜头会获得更广阔的视野,也能更好地理解环境。理解环境,解放思维!接下来,勇气带来清晰和接纳。

The C in

140 · GRACE：领导力的 5 大品格

GRACE

勇气是 GRACE 中的 C

勇气（Courage）是 GRACE 中的 C，而且有充分的理由。

在快速变化的时期，"高悬空中"通常会让人感到不舒服。即使我们可以乐观地展望未来，但现实仍在原地踏步。我们处于转换期，从一个地方（身体、精神或情感等方面）转换到另一个地方。

我们就像表演空中飞人。在空中飞行时，我们无法让下一个把杆自动出现，我们必须等待它。然后，当它接近时，我们必须放开原来的把杆，才能伸手去抓住新的。

在某个瞬间我们是完全悬空的，我们需要有勇气暂停，这样才能让自己更接近下个目标。

Pushing pause

推动暂停

这听起来有些矛盾，但即使领导者有信心迅速采取行动，也不能像随意开关那么简单，他们要考虑以组织可以接受的速度前进。

这并不是说要放慢速度，但这确实意味着我们需要偶尔停下来，这样我们可以持续地、准确地评估这个不断变化的现实世界。然后，在短暂的停顿之后，我们会获得更深入的了解，这会有助于我们预测未来。

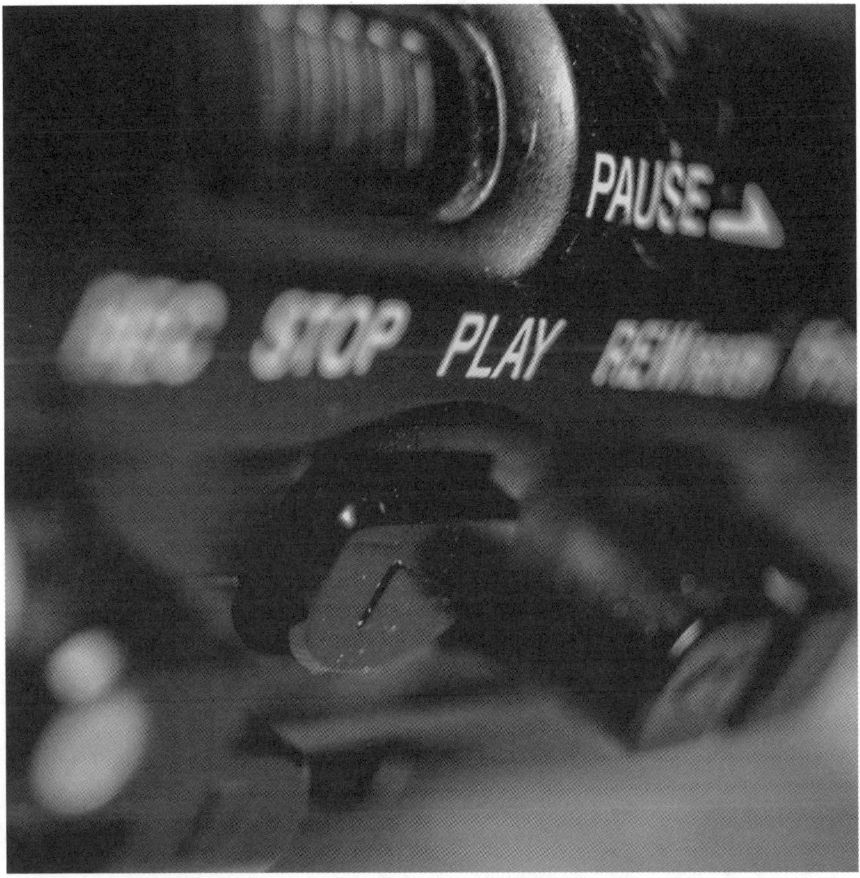
PAUSE
STOP
PLAY
REW

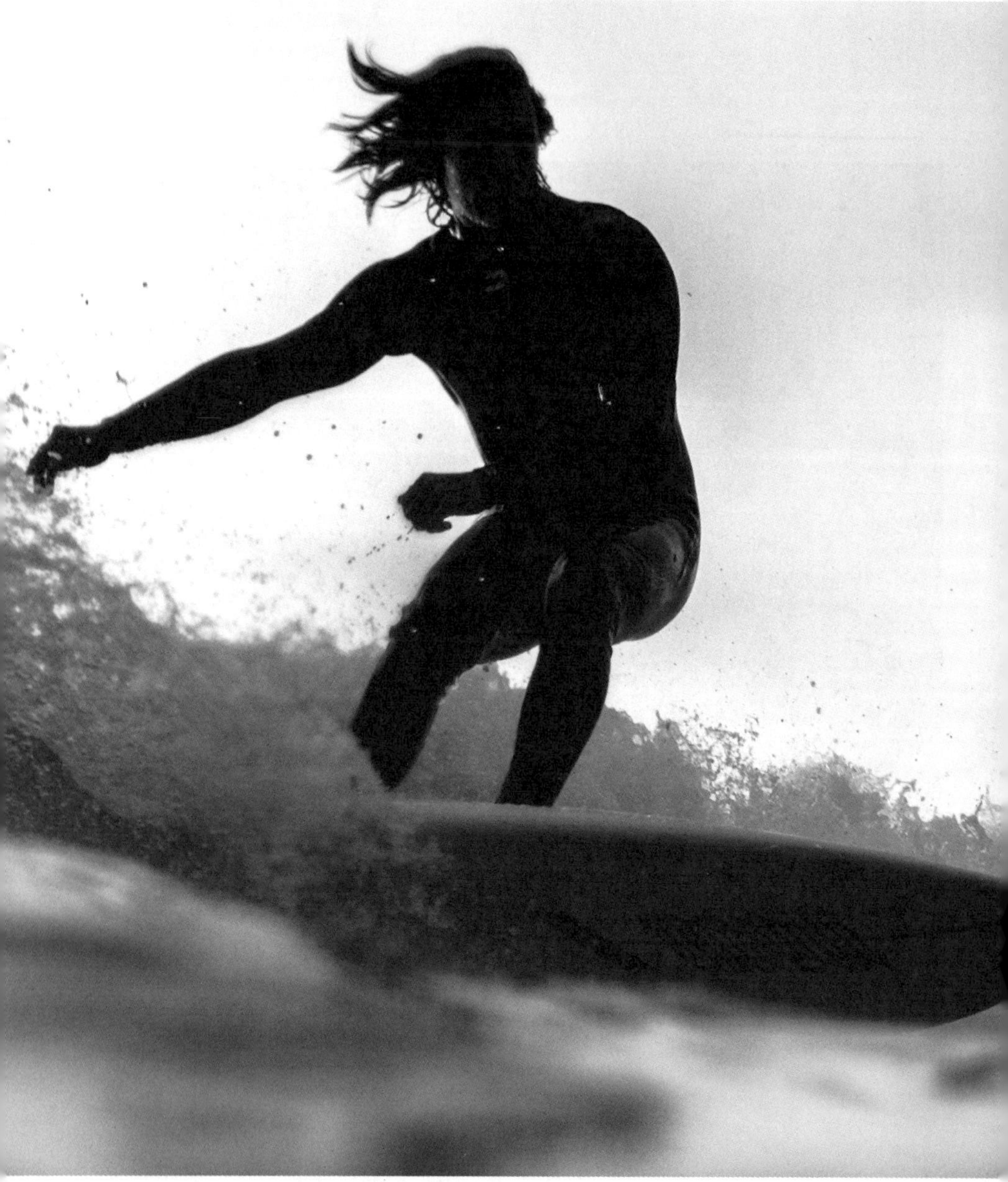

Knowing fear

认识恐惧

我书桌后面的墙上挂着一幅漂亮的书法作品——米白色纸上黑色的毛笔书法——这是几年前中国同事送给我的礼物。下面的铜牌上写着译文：

"勇者不惧"
——孔子
（公元前551年—公元前479年）

它节选自一段较长的孔子名言——"知者不惑，仁者不忧，勇者不惧。"这是一种比较理想主义的表达，设定了非常高的标准。对我来说，这些话不仅是一种宽慰，更是一种鼓励。

我们需要有胆量，胆量通常被称为勇气，我们要活得真实，同时信守价值观。在强烈的目标感驱使下，我们毫不畏惧地说该说的话，做该做的事，尤其不畏惧失败。

不畏惧失败并不意味着领导者从未失败过或将来不会失败，它也不意味着傲慢或虚张声势。如果细细琢磨的话，情况可能正好相反。无论发生什么，不管是成功还是失败，重要的是勇气常在。

每位伟大的领导者在面对可能的失败，甚至有时是不可避免的失败时，往往表现出巨大的勇气。他们认为失败从来都不是致命的，关键是要从过程中学习。

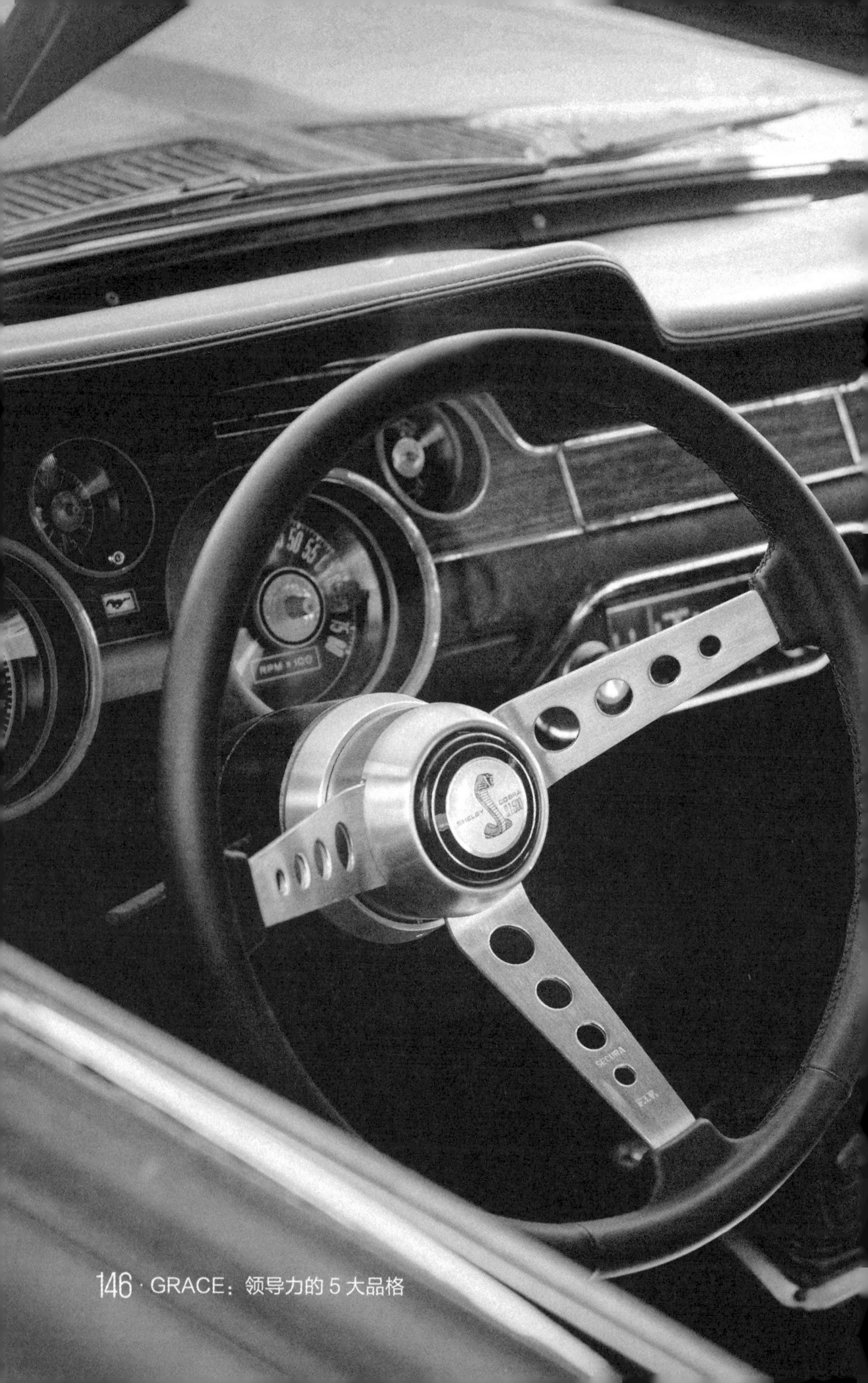

Courage:

Acknowledging what you don't know

勇气：承认你的无知

13 岁时，我还不能上驾驶课，即使再过一年也不够年龄。但我爸爸决定带我去墓地附近的停车场练习。他手把手地教我，告诉我如何操作转向柱上的手动三速挡位。

当我操作有问题时，比如转弯太急，压到马路沿，或差点撞到墓碑时，他会赶紧帮我调整方向盘。

随着时间推移和不断地练习，我开始掌握三速变速器的窍门。我仍然记得 H 模式——一挡、二挡、三挡、倒挡，中间是空挡。

我们第一次做任何事情时，往往会有人教我们如何做，而不是让我们自己先来尝试。

Knowledge is what we know.

Courage is acknowledging what we don't know.

知识是拥有已知，
勇气是承认无知。

第四章 勇气

面临新的挑战时，我们可以应用学到的知识或积累的经验。换句话说，我们发展了学习的敏锐度，或者我会把它解释成，当你不知道能做什么时仍知道如何应对，这是成功的第一指标。

当学习敏锐度较高时，我们与周围的世界密切互动。由于有无限的好奇，我们不只是照搬老旧经验或以往的解决方案，我们愿意进行实验——通过学习来帮助预测未来。

After all, achievements fade, progress inspires,

but learning endures.

毕竟，成就会褪色，进步能鼓舞人心，但学习必须持之以恒。

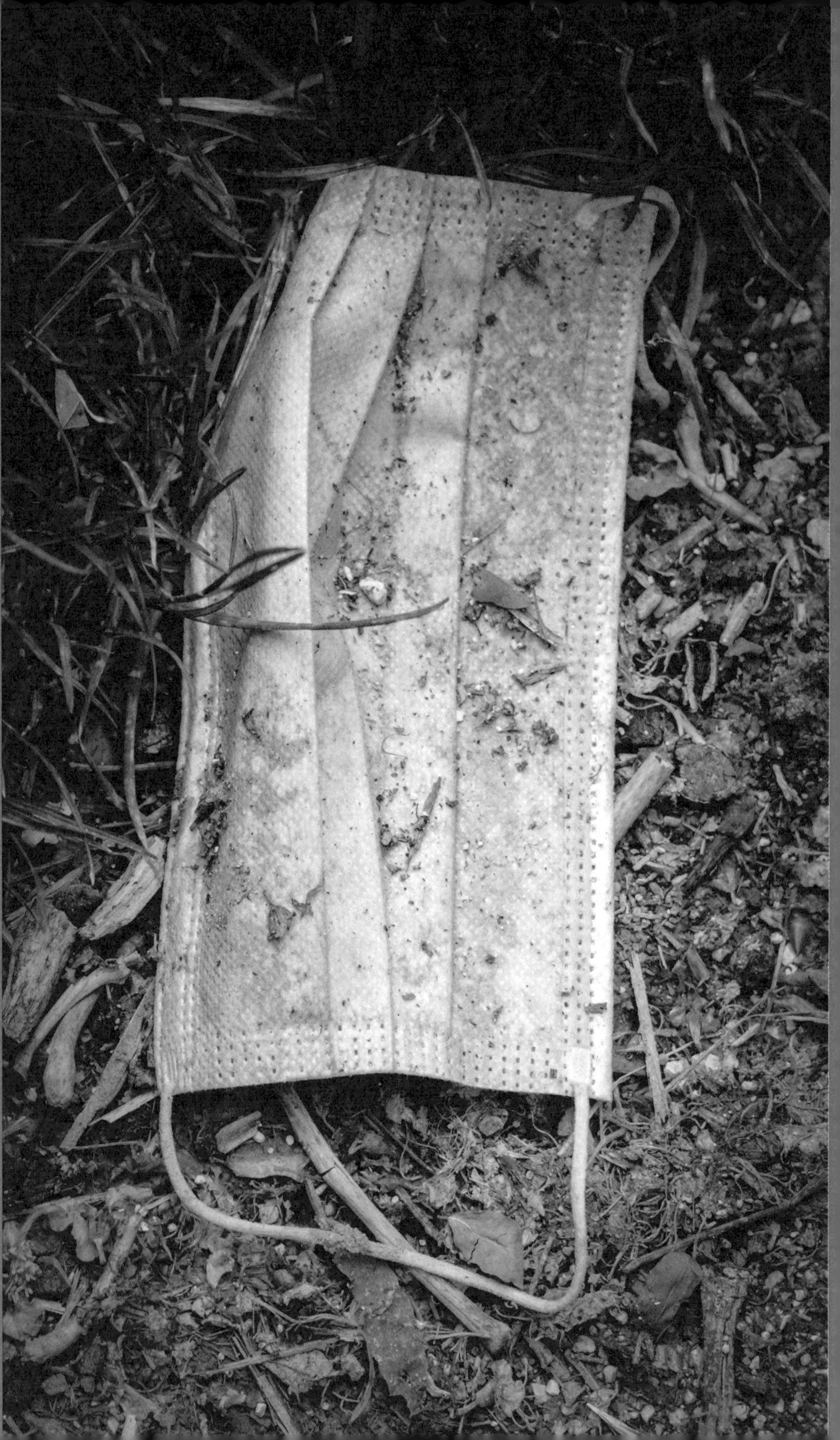

We have been here before

我们以前来过这里

处在巨大的变化和不确定性中,如果我们知道历史确实会重演,会感到欣慰。我们之前也曾面临过挑战,像 1918 年西班牙暴发的大流感,最近的全球金融危机、大衰退、新冠疫情等。

虽然管理危机可能不是每位领导者都能自然想到的事情,但它在领导者职责中排前五。那么,我们如何度过危机呢?答案是遵循我们的价值观并借鉴过去的经验。的确,正如俗话所说,"变化越多,越要保持不变。"充分了解我们曾经历过的会让我们感觉有些底气,也会带来安慰和勇气。

The effective

有效的视角

我们经常这样说：要是早知道就好了。

想一想这句话。如果在最困难的情况下，我们真的"了解恐惧"，我们是否还会相信最终一切都会好起来？我们会花这么多时间来担心吗？我们又会将时间用在什么地方？

这是一个有趣的视角。

perspective

但是，在充满不确定性的情况下，很难这样想。相信我，我深有感触。

在职业生涯的早期，我离开投行加入了一家互联网公司，这家公司不久就倒闭了。接下来的一年我一直在担心，我将如何养活我的五个孩子？我何时会获得下一份工作？后来，我加入了光辉国际，我的生活彻底改变了。

第四章 勇气

Sortie

如果我告诉自己一切都会好起来,那一年我会做什么?也许我会学习飞行或学着成为一名高尔夫的零差点球手(scratch golfer,指高水平高尔夫球手,能打出标准杆或更好的成绩)。谁知道呢?我甚至会把绘画发展成为一种爱好。与其沉湎在不确定性中忧心忡忡,不如做些更具创造性和生产力的事情。

这对我们所有人来说都是一样的,在担忧上花时间是徒劳无用的,时间永远无法倒退。

我们知道我们之前已经克服了挑战,我们也将再次战胜它。当我们能够鼓起勇气时,我们可以选择如何度过时间,时间是世上最宝贵的东西。

第四章 勇气 · 157

Never walk alone

永不独自前行

我清楚地记得当我还是个小男孩,在寒冷的冬日里待在祖母家里的情景。我们刚从葬礼回来,我站在炉子的暖气出风口旁取暖。祖母正哼唱着她最爱的歌:《你永远不会独行》。此情此景,恰如其分:

当你穿行在暴风雨中
昂首挺胸
不必害怕黑暗
在暴风雨的尽头
天空晴朗阳光灿烂
云雀在甜美地欢唱
穿过狂风
穿过暴雨
追逐梦想时会有挑战
继续前行
带着心中的希望
你永远不会独自前行……

每当发生令人不安的事情时，我们的第一反应是寻求周围人对我们感受的肯定。可能是勇敢笃定，也可能是瑟瑟发抖。人类是社会型动物，我们自然而然地寻求与他人的联结，创造和获得确定性。当我们独自一人时，我们很容易受到威胁。但与其他人一起时，我们感到更有勇气。

这就是为什么领导力发展的第一条规则是永远不要独自前行。当我们与他人一起前行时，我们会倍受鼓舞，我们一起奋斗。

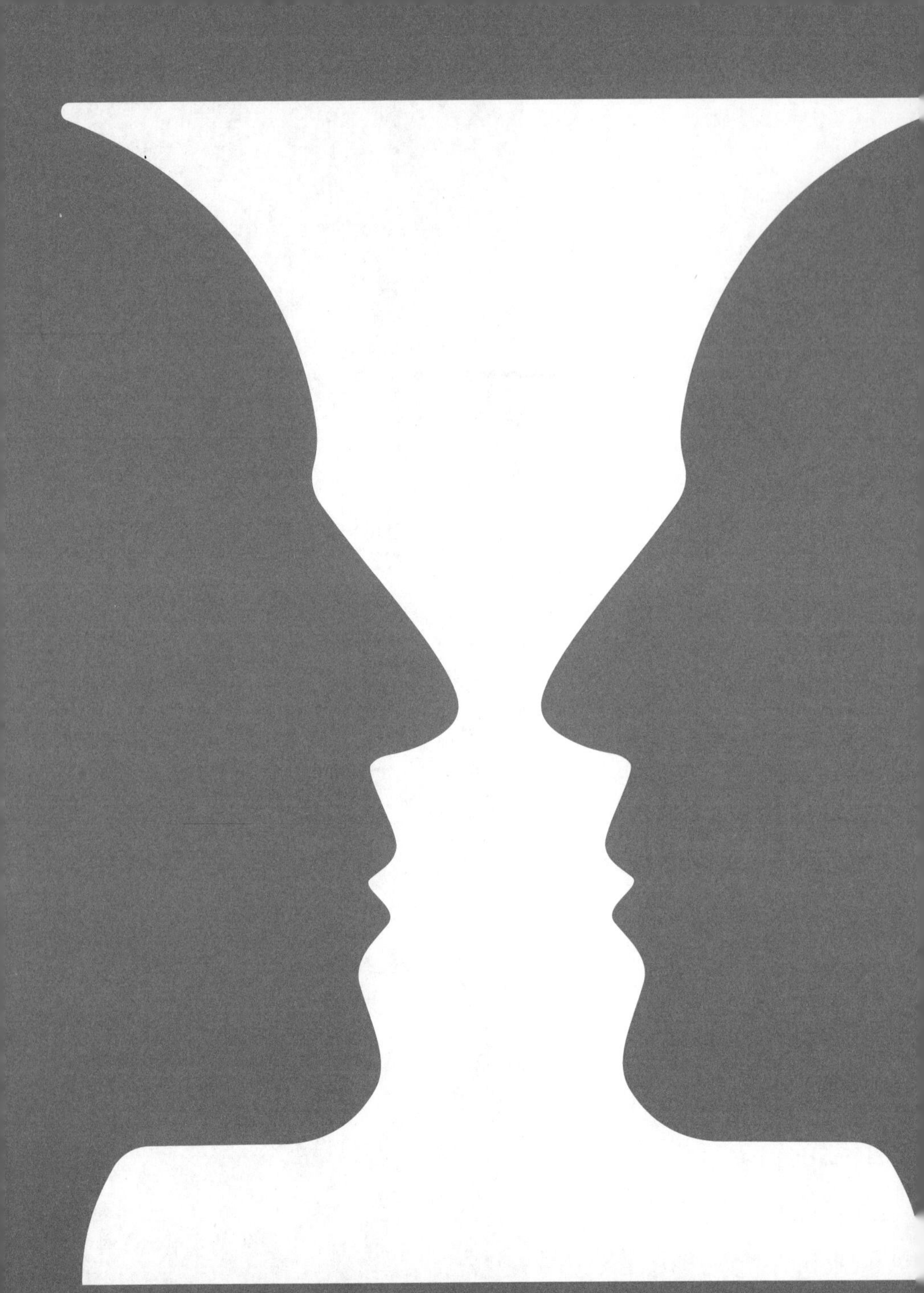

Facing reality

面对现实

与其放弃希望，不如振作起来。我们要寻找可以前进的机会，无论它们在哪里，无论它们多么微不足道。通常，要做出这种改变，只需要简单地调整我们的感知开关。我们必须不断地调整注意力焦点，正如前面这张插图向我们展示的那样。

当我们看左边这张图片时，首先看到的是什么？是花瓶引人注目吗？还是我们的目光会被两人面对面、温和又喜悦的图景所吸引？

只看到花瓶，会将我们锁定在现状中，花瓶的确是优雅的，但缺少情绪或感受。当我们被人脸所吸引时，心态会发生变化。

给予能量还是获取能量？积极建设还是苛责批判？这是一个选择——一个有意识的选择。当我们重新调整注意力聚焦点时，我们将真切地看到自己的果敢和勇气，明白一切也终将过去。

A "peak" into our soul

进入我们灵魂的高峰

虽然我们大多数人永远不会尝试攀登世界最高山峰,但我们确实可以想象那种恐惧、孤寂以及险境中想放弃的感觉。那是一个灵魂自省的时刻。

我们有一位同事可能是地球上仅有的登上各大洲最高峰"七峰"的几百人之一。在一次攀登中,她被困在北美最高峰德纳里山(Denali)一侧的帐篷里,经受着零下华氏 60 度(译者注:约零下摄氏 51 度)低温以及致命风暴的考验。在那样极端天气下,在那样的绝顶高峰,仿佛置身于另一个星球,与人类完全隔绝。

在德纳里山的帐篷里,她并没有放弃。她从之前的攀登中吸取了经验,从德纳里山(包括失败)到第一次尝试登顶的珠穆朗玛峰,最终抓住了微小的希望。她与目标、选择和使命相联结,重新获得了勇气,这不仅仅是为了活下来,而是为了活得更好。

That's the power of purpose. For all of us, purpose precedes the first step of any journey. It is the overarching "why."

Shared purpose creates shared urgency.

这就是使命的力量。对我们所有人来说，使命是启动任何行程前的第一步，一切从问自己"为什么"开始。

共同的使命感创造共同的紧迫感。

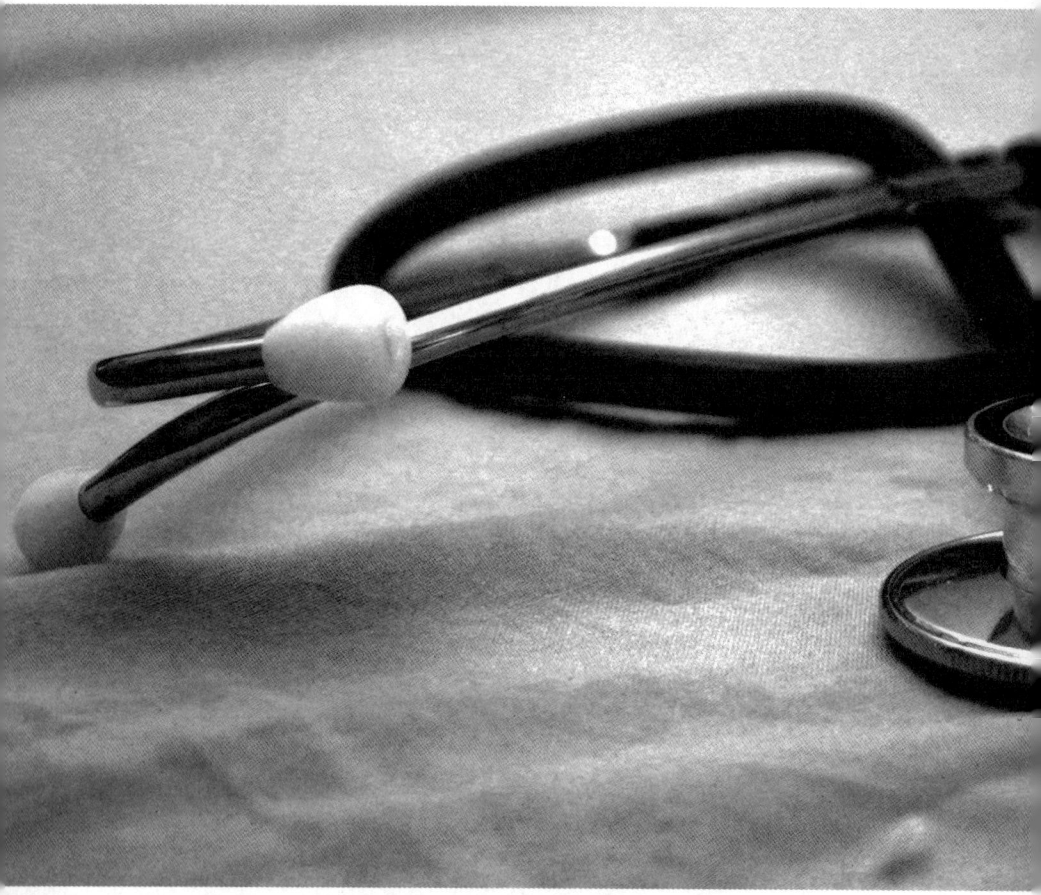

Against all odds

克服一切困难

这是我们每个人都有的选择。

我有一个朋友,他在 20 岁时就被医生早早地判处了"死刑"。这个诊断改变了他的一生,医生告诉他,如果照顾好自己,他有可能活到 45 或 50 岁。

我朋友并没有听天由命,而是下定决心不让疾病打倒,并会不惜一切代价战胜它。

如今,这位朋友的寿命大大超出了医生的预期。在他的生活中,他大胆尝试想要尝试的一切,并一直这样充满激情地生活下去。

The boldness to be

勇敢做自己

篮球训练结束了，当其他孩子在体育馆门外等着父母来接他们时，我往另一个方向走去，我告诉队友我还要去别的地方。

然而，事实是我一般会让我父亲在几个街区外等我。那是20世纪70年代初，我不想让学校里的任何人看到我父亲的老爷车——一辆1956年的老别克，保险杠生着锈，排气管冒着黑烟。

我父亲几年前破产了，我们身无分文。我当时很讨厌去杂货店，总是尽量选择人最少的收银台，这样没人会看到我们使用食品券。

然而，这辆车对青春期的我来说简直糟透了，那时我拼命想要融入环境，不希望因为一些不小心而让人注目。我坐在那辆老别克车的座位上，让自己低得不能再低，我父亲也知道是因为什么——我觉得他知道，但我们从来不特意谈及，他就让我那么待着。

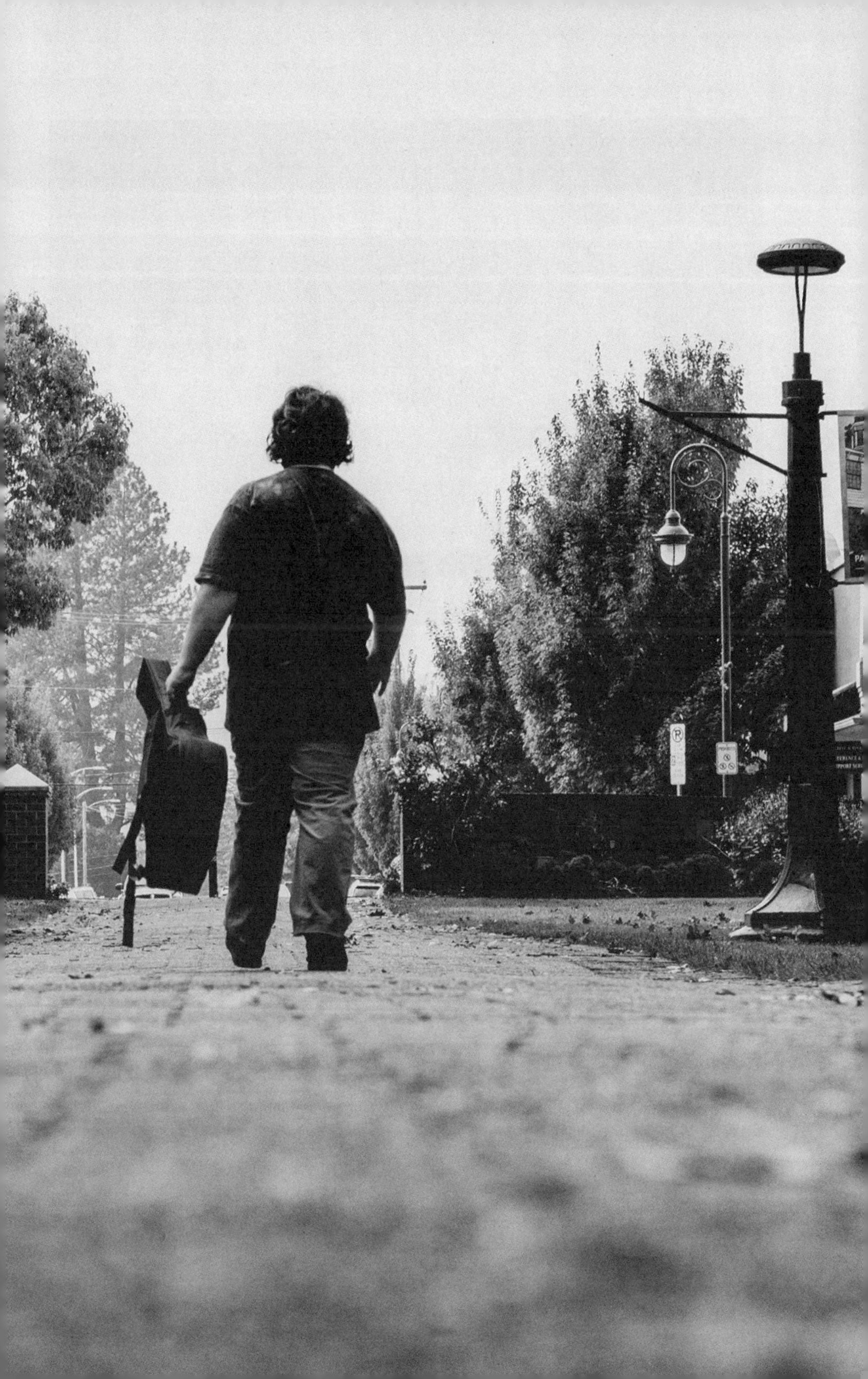

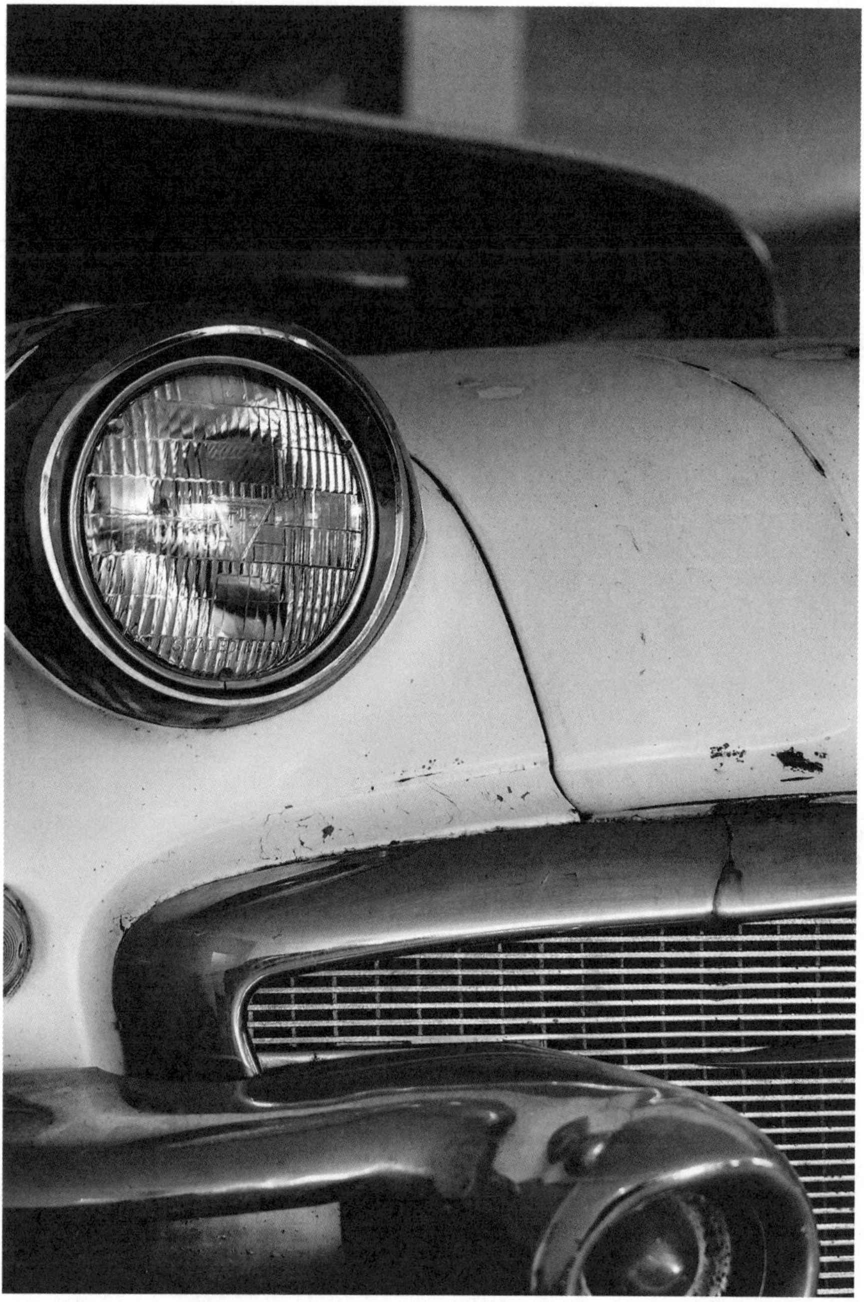

如今，我很想重修那辆老别克车。更重要的是，我希望我能有机会打开车门，坦荡地、骄傲地坐在我父亲旁边。那时，这对一个十三岁的男孩来说实在是太大的挑战了。我太尴尬了，也没有勇气去认识真正的自己。

相信几乎每个人都会对这个故事产生共鸣。事实上，每当我讲述这个故事时，人们总会很快地分享他们自己的故事，这让我很意外。这样的情况也在重复地发生。我们有不同的背景和过去，这些都成为我们在人生旅途中继续前行的财富。

真实是跨越障碍的唯一方法——不管是物理距离、情感分离还是社会阶层。我们要大胆地展示真实的自己、分享激励我们的动力以及我们对未来的信念。

What gets you moving?

是什么让你奋勇向前？

170 · GRACE：领导力的 5 大品格

这是我们每个人都需要自省的问题。

我们是否正在努力超越自己的目标？当我们与他人合作并产生联结感时，我们是否会发展得更好？我们是否因影响到他人而更有动力？

我们公司的早期思想领袖之一、已故的大卫·麦克利兰先生定义了动机的三个关键因素：成就、联结和权力，前面的三个问题分别对应了这三个因素。

积极的驱动力会激发可自由支配的能量，有效平衡这三个因素，可以帮助人们摆脱困境，继续奋力向前：

成就是指面对现实，我们需要完成不同的工作，而这些工作必须以不同的方式完成。

联结是情感方面的体现，它是关系导向的，帮助人们减少被孤立感。

权力（即影响）推动当今世界发展所需的变革。

麦克利兰在他后来的研究中阐明，除了这三个因素以外，还有第四个因素，那就是回避。回避是面对不舒适的人或环境时的一种自我保护机制。通常，回避是由拒绝或失败的恐惧感导致的。当我们不知所措时，我们习惯采用回避的方式，但这确实与我们应做的恰恰相反。

要领导别人，我们首先要领导好自己。这需要勇气——谦卑、自我觉察、诚实地审视自己。然后以他人为镜，努力做到那些我们期望从别人身上看到的行为。

**There is always blue sky above the clouds
—even on the most dismal day.**

It's the leader's job to inspire others to see it.

云层之上总有蓝天,即使是在最阴沉的日子。
领导者的工作是激励人们看到这一点 。

第五章

共情

能够设身处地为他人着想，理解对方

EMPATHY

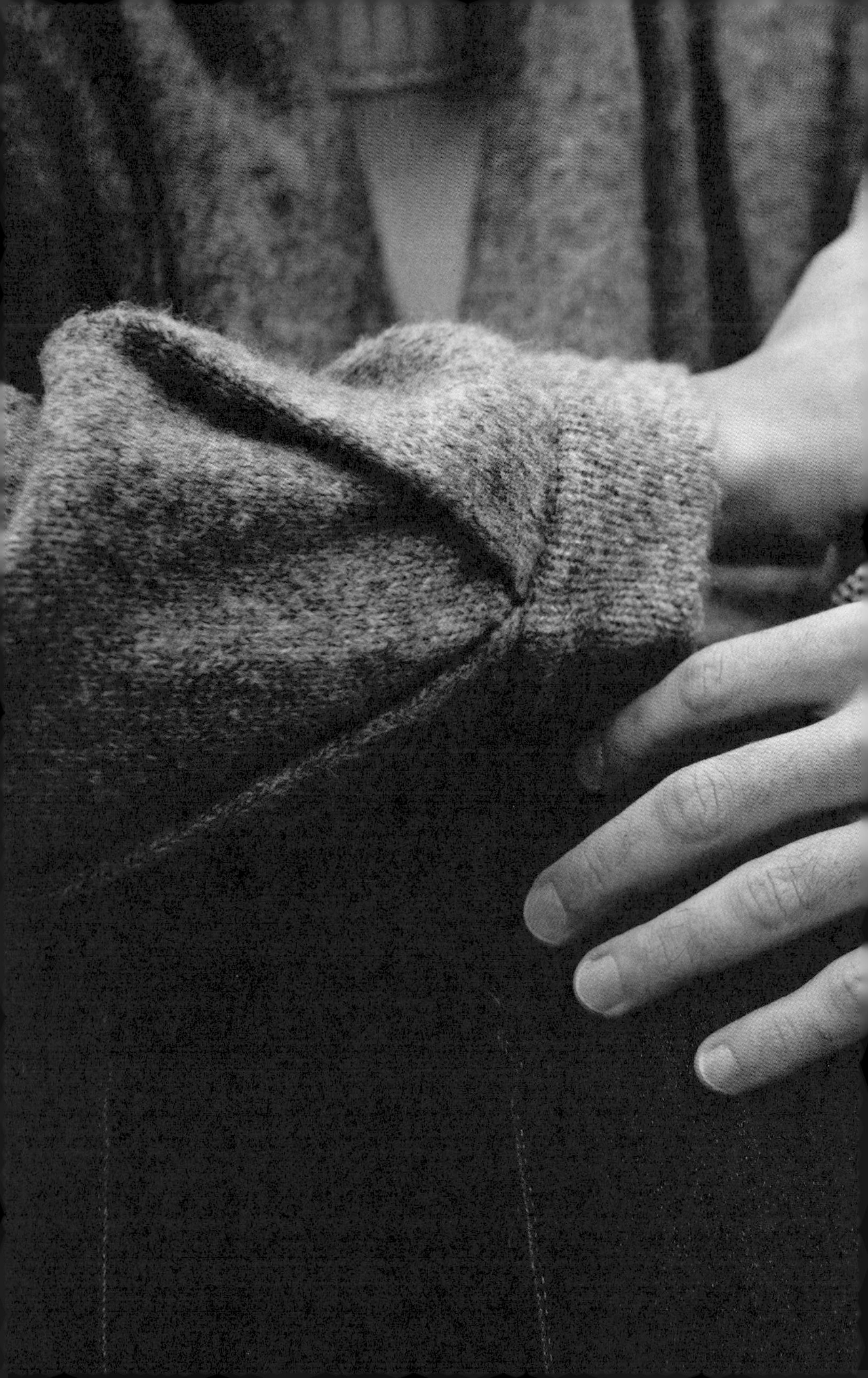

Empathy is all about meeting others where they are —

to understand who they are.

共情就是设身处地与他人互动，真正理解对方。

我永远不会忘记我十岁那年发生的一件事。那天很冷，又下着大雨，大约是下午两点半，一辆巨型卡车停在我们家门口，随后车后门打开，装卸用的活动坡道也降了下来。

有两个男人朝我们房子走来，我看了看他们又看了看卡车，心想"难道我们要搬家吗？"这时爸爸走到我身边，眼中噙满泪水。"儿子，我们会好起来的。"他安慰我。然后我看着那些人把我们的家具抬走。我父亲破产了，家中所有物品都要被收回。

几乎每个人都经历过类似的故事，故事背后通常还有故事，那是曾经的苦难和失去。这些经历会提升我们的职业道德，塑造我们的价值观，让我们变得更加强大。

这些关键时刻也会带来其他教训，它们教会我们慈悲、共情。

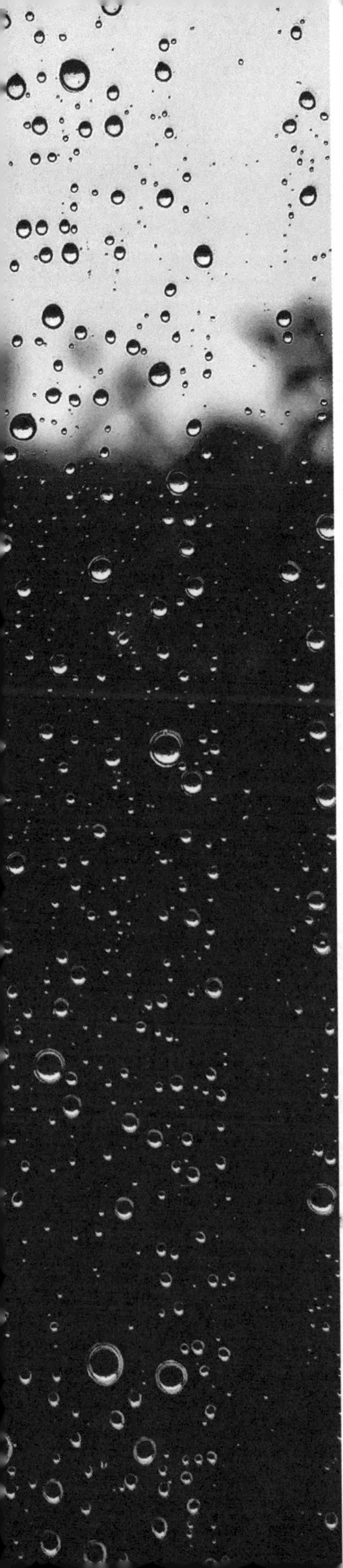

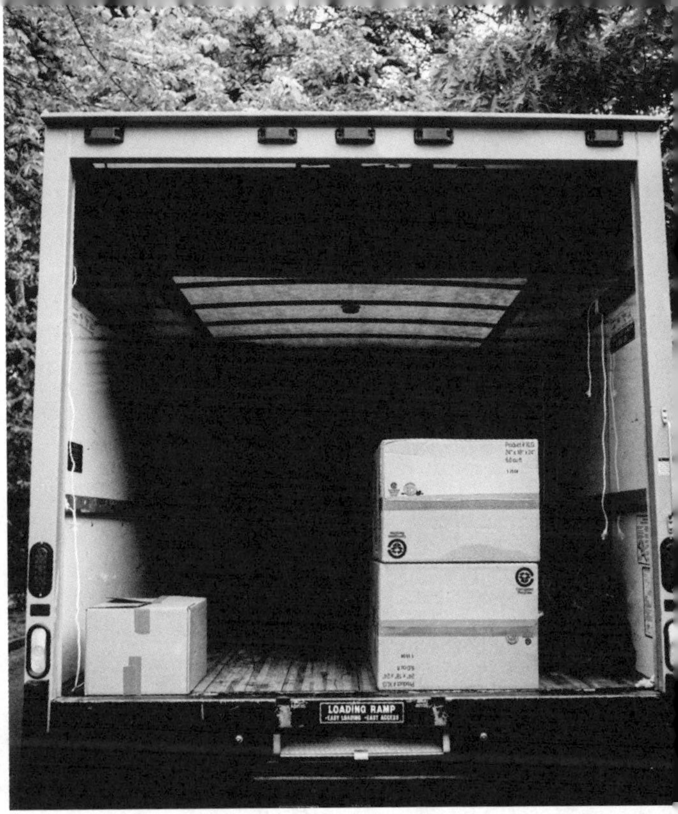
LOADING RAMP
•EASY LOADING •EASY ACCESS

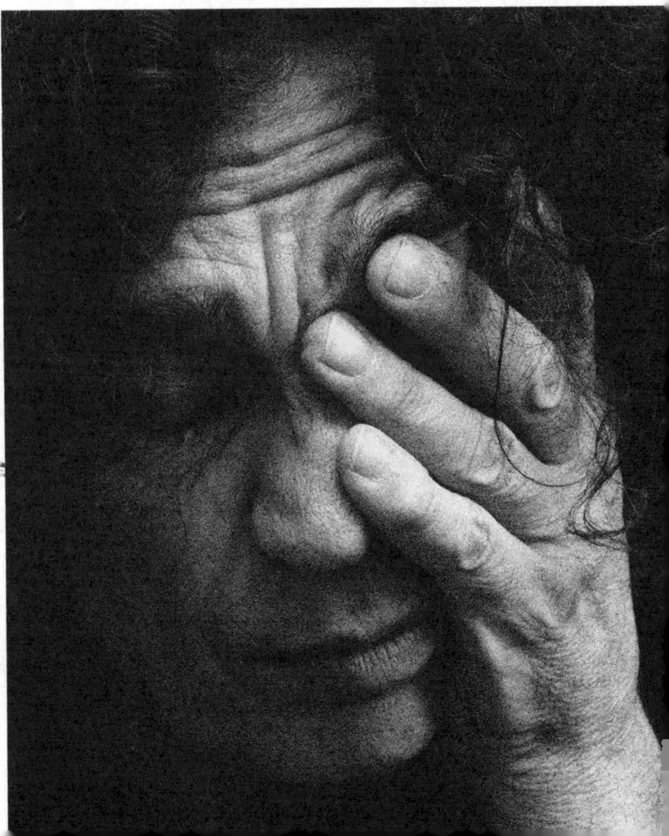

The E in

共情是 GRACE 中的 E

共情是 GRACE 中的"E"。这最后一个字母成就了 GRACE 所包含的众多意义，从感激、坚韧到渴望、勇气，再到这里的共情，它使我们更好地理解他人。

共情是一种催化剂，它能将"我们在一起"从单纯的口号转化成一种感受，然后再转化成一种行动。

Grace

It broadcasts, verbally and nonverbally,

"*I know how you feel. Our circumstances may be different, but I've been there, too.*"

它以语言和非语言的方式进行传播，"我知道你的感受。我们的情况可能不同，但我也曾经历过。"

People are not all the same—nor are they in the same place.

人与人并不完全相同,他们的境遇亦然。

当我们一起前行、离开熟悉区域向陌生区域探索时,共情会让我们产生真正的联结感。共情是人本领导力发展的基石。

第五章 共情·183

The empathic brain

共情的大脑

共情由三个要素组成,它们各有不同但都至关重要,每一个要素都让这种复杂的情感变得更加精微。通过大脑成像技术,我们可以切实地观察到共情的各个要素是如何影响我们的思维和情绪的。

第一个是认知共情，它使我们理解他人的情绪体验时，仍能保持健康的抽离感，这是一种理性地为他人考虑的方式。

第二个是同情，也称为情感共情。这使我们能够感受他人正在经历的。正如大脑成像所揭示的那样，它很有价值但也有局限。同情也会让观察者感到痛苦，并通过这样的方式来激活大脑回路，就好像他们自己在经历一样。当痛苦变得过于强烈时，人们一般会设置障碍来保护自己，从而降低我们盲目利用同情行事的可能性。

第三个是慈悲，或共情关怀，这是一种对他人的关心。这类共情激活了一组感知温暖、奖励和归属的大脑区域。事实上，富有慈悲心的人能让相应部分的大脑区域安静下来，这样他们就可以保持专注，帮助他人。

领导者要关注共情的三个要素间的细微差异，并在这三个不同维度上发展自己的人际交往能力。这样，不仅能让他人看到和感受到我们的共情，还能实现其有效性。

第五章 共情

The times, they are a'changin'

时代在变化

鲍勃·迪伦说得好:"时代在变化。"对话也是如此,它更真实,更感性,而且往往是即时发生的。这是一件好事。

如今,沟通必须是真实的。它与现实密切相关,从而构建起一座桥梁,心心相连。

在过去,领导更多地被视为一种职能,而不是人。如今,对领导者提出的要求越来越高,这种旧式的认知也逐渐淡化。

作为领导者,需要更多地展示我们的人性面——有共情能力、值得信赖。当我们用心引领、努力理解他人时,就会收获这种时时处处的反馈。

领导力就像一段旅程,把他人从一个地方运送到另一个地方,情感上也是一样。如果想真正地理解他人以及他人的情绪,需要进行真实又真诚的沟通。领导力的生命力在于沟通。

第五章 共情·187

Through the lens of others

通过别人的镜头

共情主宰一切——与他人会面,了解他们的经历。共情改变一切,包括我们如何与人互动。

我们过去常说"你好吗?"现在则是"你感觉如何?"这还不是全部。我们共情越多,视野就会越宽广。我们可以通过他人的镜头突破个人的视角局限。

After all, what we do is not

who we are.

毕竟,我们所做的不应局限于我们是谁。

The language of inclusion

包容的语言

在领导之旅中取得成功的秘诀是培养一种包容的文化。为了创造这样的环境,我们需要说这样的语言,然后付诸行动。

多样性是事实,差异让每个人都是独一无二的。

包容是一种行为,尊重并充分调动不同观点,不同背景的人,从而取得成果。

投入带有情感色彩。领导者与团队之间的情感联结度决定了集体可自由支配的能量水平。

擅长包容性语言和行为的领导者具有很高的文化敏锐度,他们完全接纳并能充分利用团队中的巨大多样性。如此一来,赋权就能有的放矢。

当一个组织真正具有包容性时,每个人的观点和意见都很重要。人们会感到表达"他们真实的所思所想"是安全的。因观点差异导致的冲突并不会影响士气,相反,这是集体智慧诞生的过程。

人们有权自由提问,可以问为什么,也可以问为什么不——不仅要考虑事情不发生的概率,还要考虑会发生的可能。不要把这种文化理解成只是"鼓励"观察,应该把它看成一块能够显示企业力量的"肌肉",必须不断加以锻炼。

How inclusive are you?

你的包容性如何？

识别偏见和促进有意识的包容有时会让他人不舒服，但这些尝试必须坚持。例如，领导者要说明超越多样性、实现"有意识的包容"为什么很重要。要鼓励大家对差异性保持好奇，也要倡导包容是所有人的共同责任。

具有挑战性？的确。会引发情绪？非常有可能。

通过问自己以下问题来迈出提高自我包容意识的第一步：

你的无意识偏见如何影响你的行为?

在做决定时,你寻求不同观点的主动性如何?

你是否能觉察自己会对他人做出假设?

在交流中,无论谁在发言,你是否都会积极地聆听?

变革时期,你更关注自己的困难,还是更关注他人的困难?

An unforgettabl

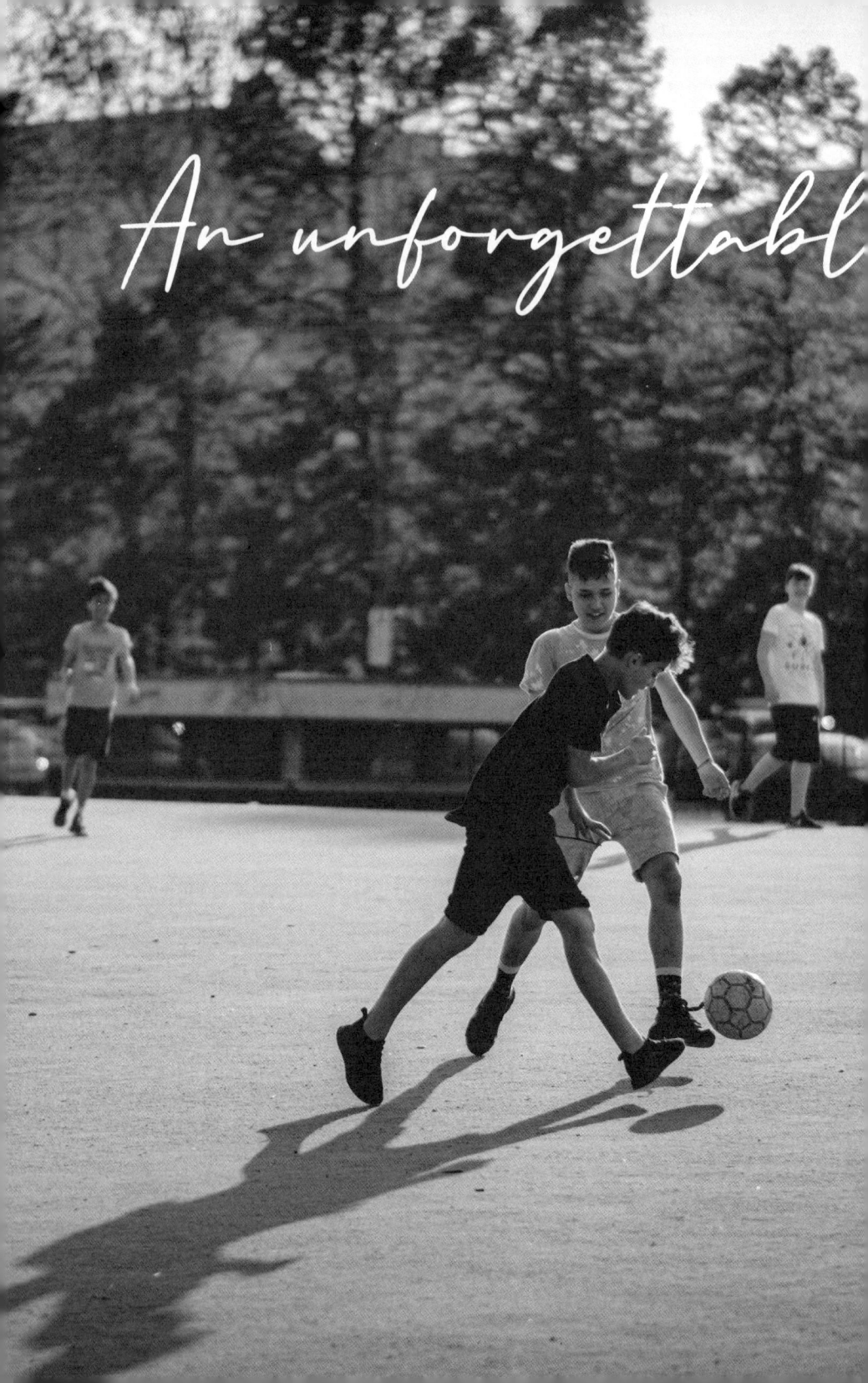

难忘的一课

我童年时有一段时光是在堪萨斯的小镇度过的，我后来找了又找，希望能找回儿时记忆里那尘土飞扬的操场。渐渐地，我明白它们都已消失不见了。

但不管如何，那样的地方会永远铭刻在我的脑海中，永远封存在我的记忆里。在那里，我学到了一个至关重要的教训。

那时我上四年级，经常和小伙伴一起踢球。有一天教练改变了规则。他像是漫不经心地把几个明显的安全球判为出局，同时也有几个球明显是出局的，他判为安全。

当他也这么对我时，我的好胜心被激发了出来，"你为什么要一直这么干？"我问。

教练停下来耐心地等着我，直到我准备听他讲话，"现在你知道人们在生活中会遭遇到什么了吧。"

作为教练和老师，这就是他的意图，他帮我们开阔了视野；告诉我们不能简单想想，还要学习深入地思考。

我永远不会忘记那段经历，那是我第一次体会到包容性领导力的重要性。

第五章 共情 · 195

包容点燃激情。当人们觉察被注意和被倾听时，会激发出一股强大的内在动力。它挖掘了人们内心深深的渴望，急切地想了解自己应归属到哪里，会有何作为，希望自己成为整体的一部分。在目标和激情的推动下，他们会在旅程中更加投入。

包容性领导力将
个人利益观转化
为共同利益观。

Today's butterfly effect

如今的蝴蝶效应

一件小小的甚至是微不足道的事件都可能产生更大的影响——就像众所周知的蝴蝶扇动翅膀可能搅起龙卷风一样。

领导者可以利用蝴蝶效应，令微妙的变化生根发芽，随后蔓延至整个组织，这会使人们的思考、行为和互动方式产生巨大变化，变得更有同理心和包容性。

领导者的工作重点就在于此，事实上，在这个过程中领导者本人也会发生微小的甚至是难以察觉的转变。就像刚从毛毛虫蜕变成的蝴蝶还不能马上起飞，但内心真诚地渴望着尝试。

我们每个人都是如此。

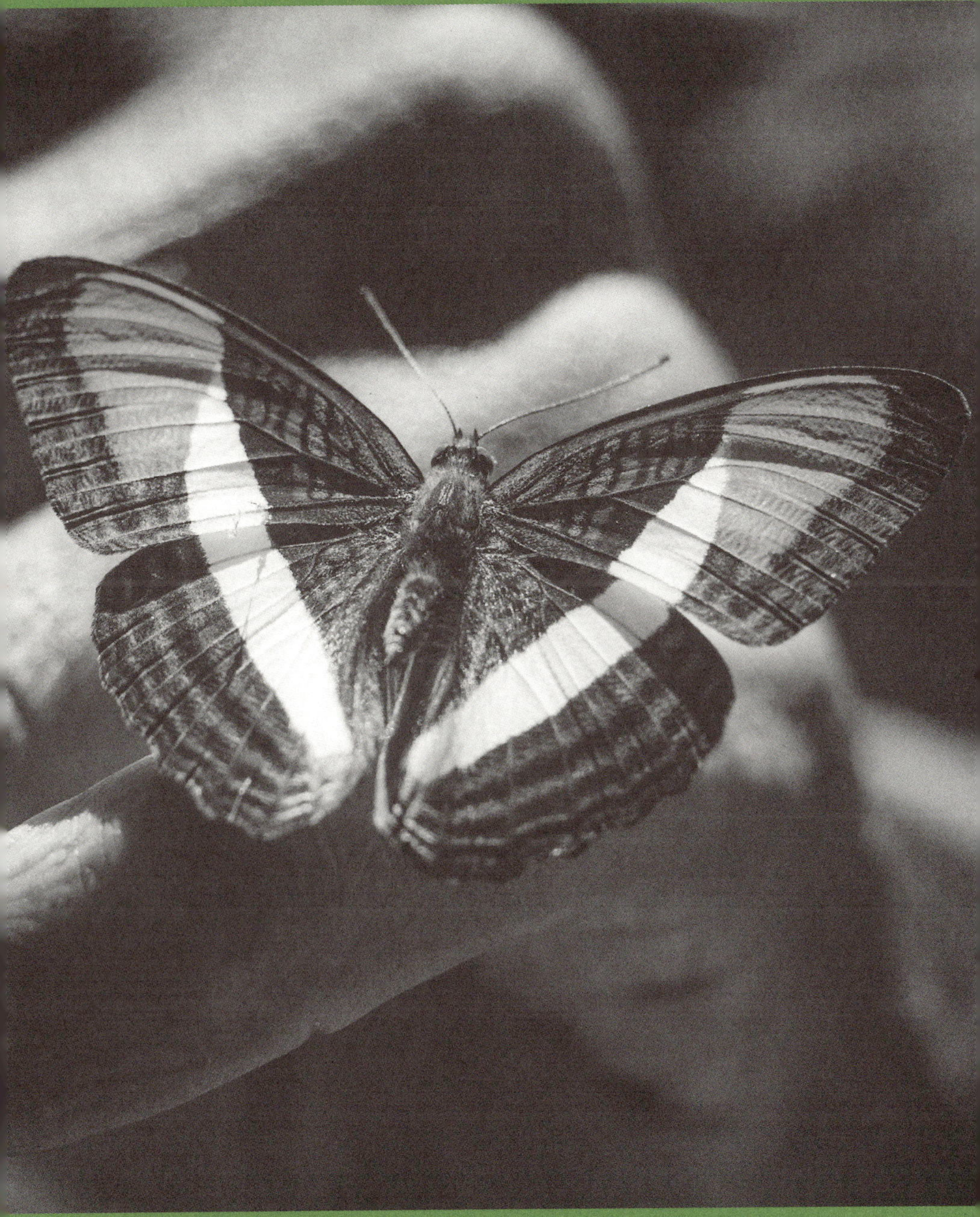

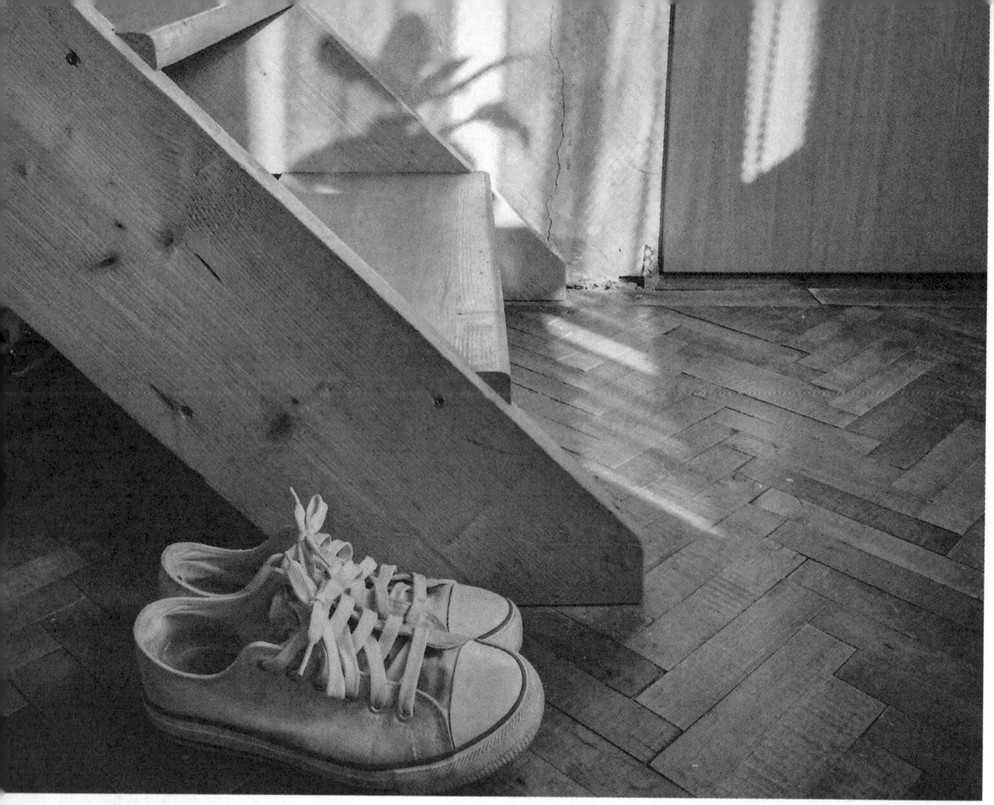

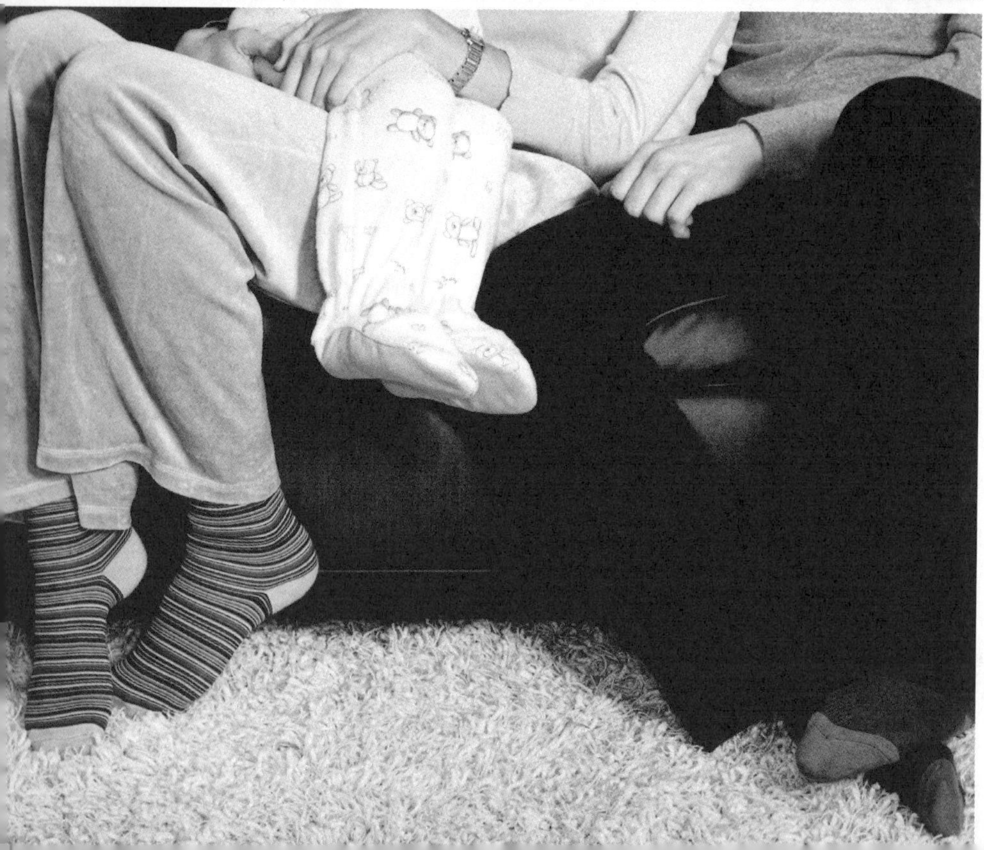

It's how things get done

事情就是这样完成的

如果让六个人来定义文化，你可能会得到十二个不同的答案。有人会说那是使命和价值观，有人会说那是乒乓球桌和工作服。

然而文化可以归结为一个定义——就是做事的方式。当共情成为文化的一部分时，它不仅会影响我们做什么，更会影响到我们因何而做。

当我去阿姨家玩时，我必须在她家门口脱掉我的运动鞋。为什么？这个中西部家庭引以为傲是一条白色粗毛地毯，阿姨一直让它一尘不染。地毯上覆着一层透明防护膜，可以在上面行走，地毯的防护膜与家具上的很匹配。

最棒的是，他们用特殊的刷子来刷地毯，让它看起来像新的一样。

我在家里不必这样做，但客随主便，到他们家就得遵从他们家的规则。当我长大一些后，我开始理解为什么这些事情如此重要。我的阿姨是护士，姨夫在炼油厂工作，他们不是很富有，所以他们尽心呵护自己所拥有的一切。

从这个角度来理解他们的规则后，我更加欣赏他们的行为方式和价值观，这是一种让"房子"成为"家"的文化。

我们可能都在花时间制定"家规"，确定为什么工作、如何工作等。但就像刷子和地毯膜一样，我们不能被形式所局限，只在协议和程序层面工作。更重要的是其本质——人们实际上是如何参与和互动的。我们不可能在某些手册中找到关于它的详细说明，也不可能在网站上的一些口号或走廊上的海报中看到这些。

文化是一个难题。我记得几年前的一次客户会议，会上邀请了高管团队的每位成员来分享公司的企业文化。当大家发言时，很明显他们只关注了形式，而未触及本质。但当问题换成"在这里工作是什么感觉？"分享则发自内心，没有套话，精准地聚焦在话题上。

> 文化以情感为语言，这体现了我们做事的精神。文化是对我们认为重要的东西——我们相信的并奉为神明的东西的颂扬。领导者将决定对文化视而不见，还是将其发扬光大。

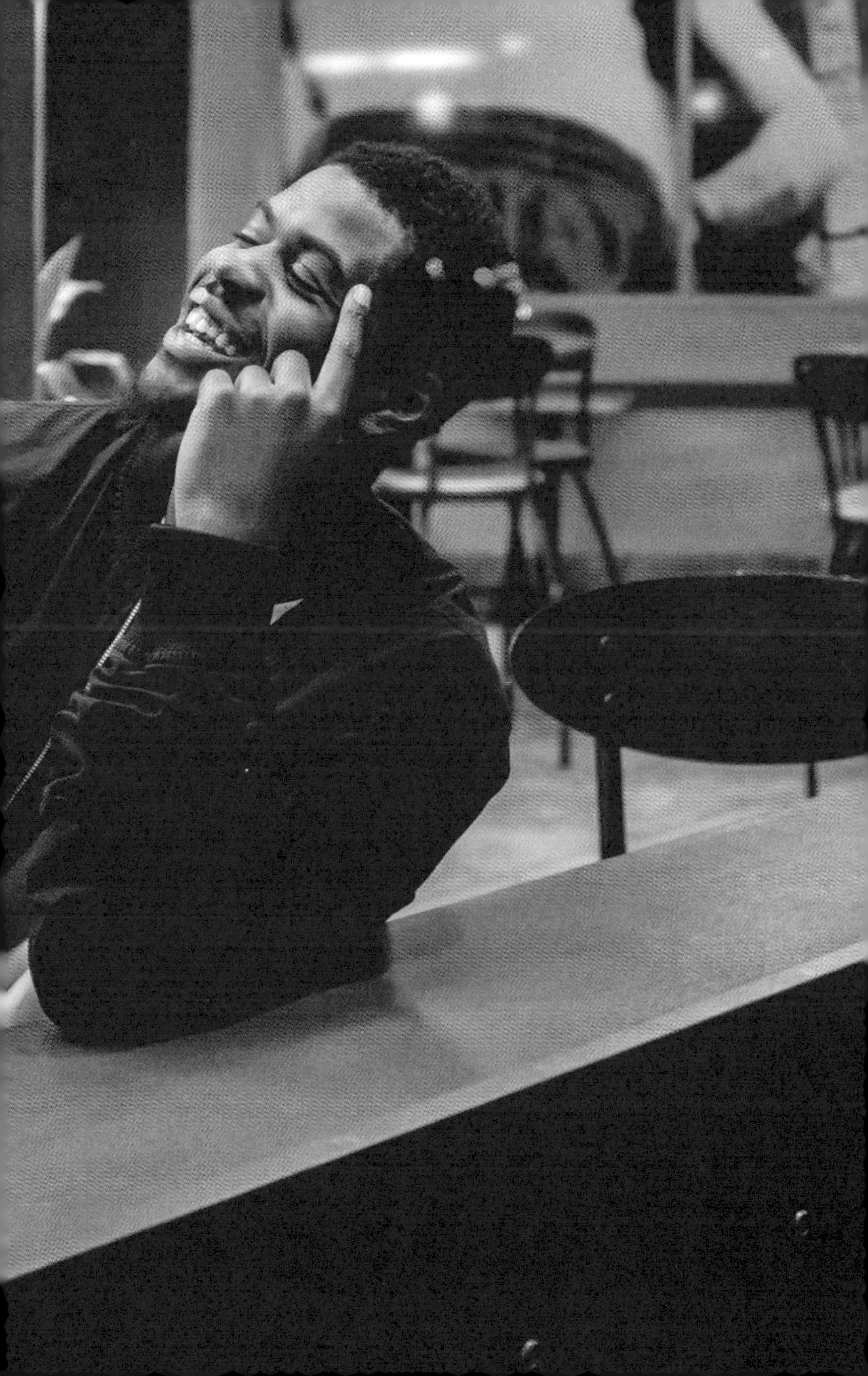

Cultivating

培育文化

在文化的培育和发展方面，领导者扮演着极其重要的角色。的确，文化自上层启动，这是产生和塑造共情和包容性文化的源头。

领导者有两个截然不同的核心角色定位。首先，他们是文化的拥趸，是心态、信念和行为的示范者；其次，他们是文化建筑师，要确保架构恰当，以支持理想行为的发生。

通过言传身教，领导者确保健康、包容的文化落地生根。但这需要时间，毕竟，仅仅对植物大喊大叫不会让它长得更快，培育需要合适的条件。

The Me-O-Meter

"自我"测量仪
（Me-O-Meter）

这是一个简单的测量仪器，任何人都可以用它来评估自己的共情水平，尤其是领导者。说话时，你倾向使用"我"和"我的"，还是更多地使用"我们"和"我们的"？

"自我"测量仪真的让我们大开眼界！

开明的领导者会从"我们"的角度说话，几乎一贯如此，尤其在谈论目标和成就时。唯一的例外是当领导者做出艰难决策并心甘情愿地接受决策后果的情境下。

在与他人交流时，使用"自我"测量仪确实会产生影响。我曾面试过一个人，他告诉我："过去一年我招募了四十名员工。"真的吗？不知何故，我很怀疑这是否是他一个人单枪匹马的成果。更准确和更有影响力的说法应该是"我们的团队在过去一年招募了四十名员工"。

这是一个非常重要的提醒：领导者不可能独自完成任何事情。

毕竟，赢得比赛的是球员。

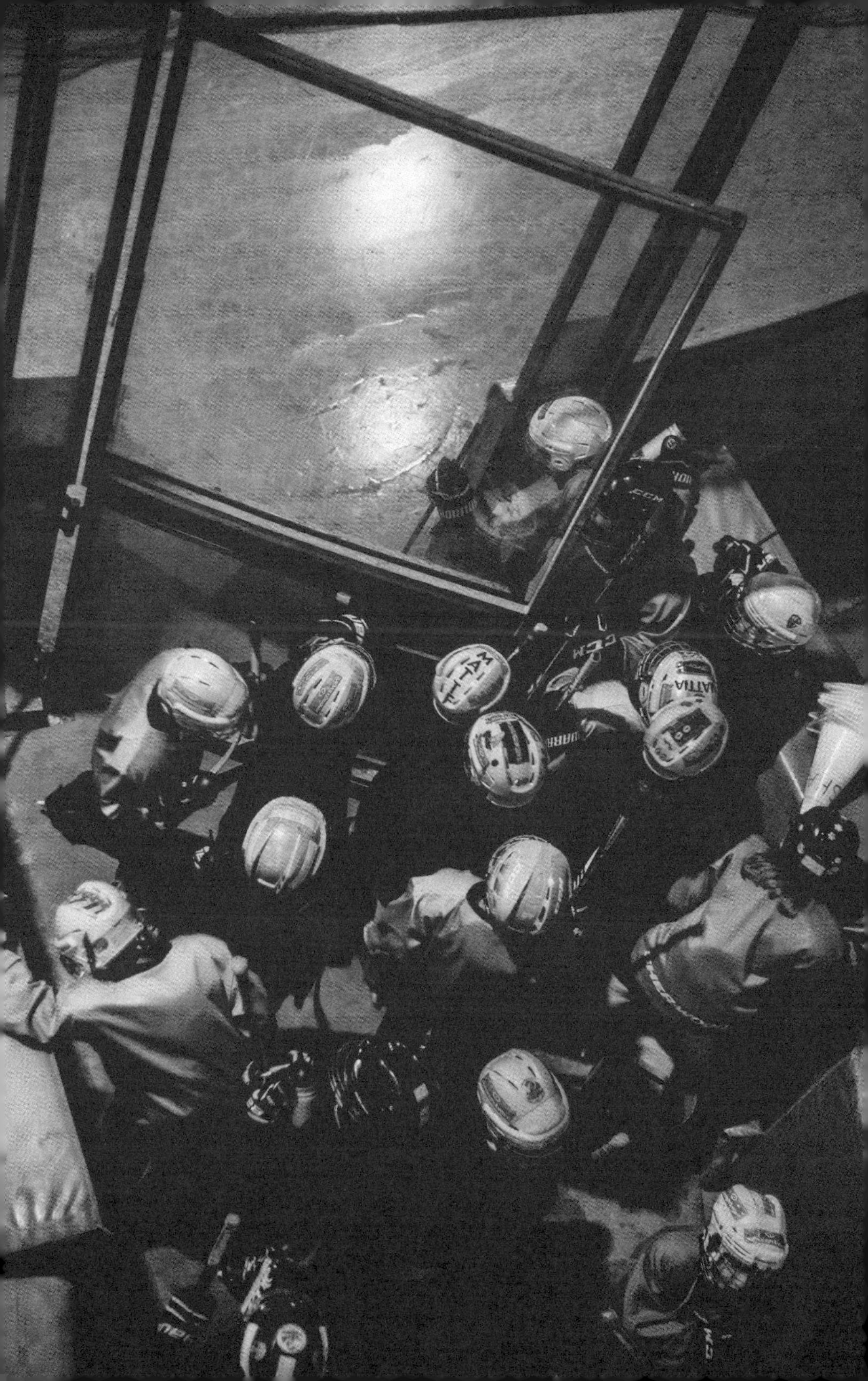

It's all about others

一切都是为了他人

领导者讲话时,有人会认真听吗?确保听众认真倾听的最佳方式是在表达中注入情感与个人特色,分享我们是谁、我们相信什么、我们重视什么以及最重要的事情是什么。作为领导者,我们是组织里的叙事掌控者,我们必须确保将真实、相关的主题融入想传递的信息中。

最重要的不是领导者说了什么,而是其他人听到了什么。他们需要知道他们被看到了——首先被看到的是他们本人,然后才是他们所完成的工作。

It starts with us.

从我们开始。

将自我意识唤醒。要领导别人，首先要领导自己。在我们做任何事情之前，先照照"镜子"，了解我们的价值观、动机、优势和盲区。了解自己可以更好地管理自己。然后，我们会更真实地看待和理解他人，并对他人产生积极影响。

有的工作独立完成即可，比如雕塑家，总是独自在工作室凿切大理石或者用黏土塑形，但领导者不是雕塑家，自然不能只唱独角戏。我们与他人合作，在合作中取得成果，为此，我们需要有更多的理解与共情。

很简单,我们的成功与否应该以别人的收获多少来衡量。

第五章 共情·211

致谢

在刚开始担任光辉国际 CEO 时，我遇到了丹·古格勒（Dan Gugler）。第一次见面时，我告诉他我想分享光辉国际在领导力方面的想法。作为 CEO，我一次又一次地了解到，领导者靠自己一个人永远无法完成任何事情——我们的成功需要与他人合作。丹帮助我更好地理解了这一点，他不断让我深化我在与他人合作中学到的经验。

十多年前，我和一位同事共进午餐，我们谈到有些人分享观察和感受时有一些独特的能力。她看着我说："你一定要和特里西娅·克里萨弗利（Tricia Crisafulli）谈谈。"我很喜欢这个建议，随后就打电话给洛杉矶的团队，安排了会面。没过多久我见到了特里西娅，她当时已经是一位相当成功的作家了，并有能力帮助我们公司。之后，她代表光辉国际在全球出差，面谈了各行各业的领导者。

如果没有光辉国际大家庭中成千上万人共同的感激、坚韧、渴望、勇气和共情的品质，我们的学习和讨论都不可能实现。我们大家庭的成员有非常多元的背景，他们拥有令人难以置信的才能——有些来自过去好几代同事的积累，有些汲取自简短拜访，大部分则是从长期伙伴身上收获而来。

我向丹、特里西娅以及公司无数的同事们表示最深切的感谢，他们帮助我学习到了领导力中的 GRACE 品质。

我还要感谢我们才华横溢的光辉国际研究团队，包括约纳逊·品克（Jonathan Pink）、哈勒·肯尼尔（Hayley Kennell）、玛丽亚·卡拉莱佐（Maria Kalavrezo）和其他参与本书设计的人们。他们有一种神奇的能力，可以将概念无缝地融入设计中，最终呈现出来的成果就像一件艺术品。在此，我也一如既往地感谢布莱恩·奈尔（Brian Neill）和我们的出版合作伙伴，威利（Wiley）团队，谢谢他们在本书出版过程中提供的支持。

领导力大师系列
—— 重磅上市 ——
用大师的领导力思想，应对数字时代的深度变革

享誉世界的领导力大师的传世之作。新东方创始人俞敏洪、清华大学教授杨斌领衔推荐，为你的精彩人生规划一份领导力蓝图。

ISBN：978-7-5043-8934-3
定价：79.00 元

哈佛商学院终身教授、变革领导力之父约翰·科特最新力作。本书堪称变革逻辑的颠覆性创新之作，组织变革和领导力提升的教科书级指导书。

ISBN：978-7-5043-8993-0
定价：79.00 元

本书系统介绍了11种各具特色的思维方式，能全面提升你的大局意识、创新力和领导力，帮助你以多维思考应对复杂社会的巨大挑战。

ISBN：978-7-5151-0880-3
定价：59.00 元

本书为我们打开了"青色组织"与"自主管理"的大千世界，各种新型管理做法闪亮登场，带我们领略这些充满生机与活力的组织新型管理实践。弗雷德里克·莱卢郑重推荐！

ISBN：978-7-5043-8984-8
定价：89.00 元

领导力大师系列
——重磅上市——

用大师的领导力思想，应对数字时代的深度变革

世界知名咨询公司光辉国际首席执行官重磅作品。锁定感激、坚韧、渴望、勇气、共情5大领导力品格，塑造真正优秀的领导者。

ISBN：978-7-5043-9063-9
定价：69.00 元

世界知名咨询公司光辉国际首席执行官重磅作品。聚焦把危机视为新常态的心智模式和思考技术，助力企业打造超高逆商，在穿越迷雾后走向成功。

ISBN：978-7-5043-9008-0
定价：65.00 元

享誉世界的领导力和人际关系大师麦克斯韦尔最新力作。对于在危急时刻如何带领团队走出困境，给出全面、客观、实用的解答和指导。

ISBN：978-7-5043-9076-9
定价：59.00 元

前美国公开演讲冠军、领导力专家的智慧总结。全面解读语言艺术如何提升领导力及团队绩效，并最终影响企业命运。

ISBN：978-7-5043-9021-9
定价：59.00 元